Sabine M. Grüsser / Ralf Thalemann
Computerspielsüchtig?

Aus dem Programm Verlag Hans Huber
Psychologie Sachbuch

W0040707

HUBER

Zum Thema Sucht ist im Verlag Hans Huber außerdem erschienen:

Sabine M. Grüsser / Carolin Nastasja Thalemann
Verhaltenssucht
Diagnostik, Therapie, Forschung
Mit einem Vorwort von Henning Saß
293 Seiten (ISBN 3-456-84250-3)

Sabine M. Grüsser / Ulrike Albrecht
Rien ne va plus – wenn Glücksspiele Leiden schaffen
Etwa 180 Seiten (ISBN 3-456-84381-X)

Weitere Informationen über unsere Neuerscheinungen finden Sie im Internet unter:
www.verlag-hanshuber.com

Sabine M. Grüsser/Ralf Thalemann

Computerspielsüchtig?

Rat und Hilfe

Mit einem Vorwort von Prof. Jobst Böning

Verlag Hans Huber

Adressen der Autoren:
Dr. ret. nat. Sabine M. Grüsser-Sinopoli
Ralf Thalemann
Interdisziplinäre Suchtforschungsgruppe Berlin – ISFB
Institut für Medizinische Psychologie
Zentrum für Human- und Gesundheitswissenschaften
Charité – Universitätsmedizin Berlin
Tucholskystraße 2
D-10117 Berlin
www.isfb.org

Lektorat: Monika Eginger
Herstellung: Daniel Berger
Satz: sos-buch, Mainz
Umschlag: Atelier Mühlberg, Basel
Druck und buchbinderische Verarbeitung: AZ Druck und Datentechnik GmbH, Kempten
Printed in Germany

Bibliografische Information der Deutschen Bibliothek
Die Deutsche Bibliothek verzeichnet diese Publikation in der Deutschen Nationalbibliografie;
detaillierte bibliografische Daten sind im Internet über http://dnb.ddb.de abrufbar.

Anregungen und Zuschriften bitte an:
Verlag Hans Huber
Hogrefe AG
Länggass-Strasse 76
CH-3000 Bern 9
Tel: 0041 (0)31 300 4500
Fax: 0041 (0)31 300 4593

1. Nachdruck der 1. Auflage 2006
© 2006 by Verlag Hans Huber, Hogrefe AG, Bern
ISBN-10: 3-456-84325-9
ISBN-13: 978-3-456-84325-4

Inhaltsverzeichnis

Vorwort   7

1. Einleitung: Machen Computerspiele Ihr Kind wirklich aggressiv, dumm und süchtig?   11

2. Exzessives Computerspielen: ein kontrovers diskutiertes Verhaltensmuster im Kindes- und Jugendalter   15

3. Das Spiel und seine Bedeutung für den heranwachsenden Menschen   17

4. Computerspielsucht   21

    4.1 Exzessives Computerspielen als eine Form von Verhaltenssucht   21

    4.2 Merkmale der Computerspielsucht   30

    4.3 Verbreitung und Häufigkeit der Computerspielsucht   33

        4.3.1 Sind nur Jungen von der Computerspielsucht betroffen?   37

    4.4 Wie entsteht eine Computerspielsucht?   38

        4.4.1 Psychologische Aspekte.   38

        4.4.2 Wenn die Biochemie der Gefühle aus dem Gleichgewicht gerät: ein homöostatisches Modell als Erklärungsansatz der Computerspielsucht   40

        4.4.3 Exkurs: Süchtiges Verhalten – ein erlerntes Verhalten   44

    4.5 Begleiterscheinungen der Computerspielsucht   46

        4.5.1 Psychische Störungen als Folgen der exzessiven Computernutzung?   52

    4.6 Was haben Gefühle mit Computerspielen zu tun?   54

        4.6.1 Computer und Emotionen   54

            4.6.1.1 Welche Möglichkeiten nutzen Heranwachsende im Umgang mit eigenen Gefühlen?   54

        4.6.2 Computer und Stress   56

        4.6.3 Emotionen, Stress und Computerspiele   58

5. Gesundheit: Wie wirken sich Computerspiele auf den Körper des Heranwachsenden aus?   67

6. Wie erkenne ich, ob mein Kind computerspielsüchtig ist?   71

    6.1 Kopiervorlage: Kriterienkatalog zur Verhaltensbeobachtung in der Familie   71
    6.2 Entscheidungshilfe: Wie kann ich meinem Kind am besten helfen?   76

7. Was kann ich für mein Kind tun, damit es sein Computer- nutzungsverhalten ändert?   81

    7.1 Wie spreche ich mit meinem Kind über sein Computernutzungs- verhalten? Ratschläge für die Kommunikation mit dem Kind   82
    7.2 Die Kosten-Nutzen-Analyse des Computerspielens   87
    7.3 Wie verstärken Sie ein positives Verhalten?   88
        7.3.1 Beispiel für einen Verstärkerplan   89

8. Professionelle Hilfsangebote (Adressen und Therapieformen Stand 2006)   103

9. Ausblick   107

Literatur   109

Sachregister   115

Vorwort

Die intensive elektronische Mediennutzung gerade durch natur-
gegeben neugierige und explorationsfreudige Kinder und Jugendliche begründet sich gleichermaßen im Streben nach Ausgleich
und Wohlbefinden wie im Ausloten von Risiken und Grenzerfah-
rungen. Allerdings kann auf Grund der noch im Ausreifungspro-
zess befindlichen Hirnentwicklung und ihrer stark erfahrungs-
gesteuerten Prägungsfähigkeit von gelernten Verhaltensweisen der
Weg von einer spielerischen Gewohnheitsbildung bis zum süchtig
programmierten Verhalten mitunter kürzer als gedacht sein.

Zum besseren Verständnis mag zunächst ein Bezug zu der bislang
am besten beschriebenen Form exzessiven Spielverhaltens (der
«Glücksspielsucht») erlaubt sein, was auch gewisse Rückschlüsse
zur exzessiven, das heißt pathologischen Computernutzung zulässt. Das bemerkenswerte Zusammenspiel von veränderbaren
Hirnbotenstoffen (z. B. Dopamin) und exzessivem Verhalten mit
Suchtcharakter sieht sich widerspruchsfrei zur aktuellen neurobiologischen Suchtforschung. Folgender außergewöhnlicher klinischer Fallbericht eines mit einem bestimmten Dopamin-Agonis-
ten medikamentös behandelten Parkinsonkranken zeigte eine
unerwartete Nebenerscheinung, die lehrreich und wichtig zugleich
für unsere Fragestellung ist. Der betroffene Patient entwickelte
unter dem Medikament, das bei Morbus Parkinson den krankhaft
erniedrigten Dopaminspiegel erhöht, plötzlich ein exzessives pathologisches Glücksspielverhalten. Er verspielte innerhalb weniger
Wochen enorme Summen von Geld, ohne vorher jemals eine solche Verhaltensneigung gezeigt zu haben. Hier zeigt sich eindrucks-
voll, dass funktionelle Veränderungen des Dopaminspiegels und
die damit einhergehende Beeinflussung des so genannten verhal-
tensbiologischen Belohnungs- bzw. Verstärkersystems des Gehirns
zu ruinösem, süchtigem Verhalten führen können.

Nach derzeitigem Erkenntnisstand interdisziplinärer Suchtforschung wird die Entstehung und Aufrechterhaltung erlernten

süchtigen Verhaltens nicht mehr ausschließlich auf die Wirkung einer psychotropen Substanz zurückgeführt – also auf eine Droge, die von außen zugeführt wird. Vielmehr muss angenommen werden, dass genau dieselben neurobiologischen Mechanismen körpereigen vermittelt werden und auch bei der Entstehung von nicht stoffgebundenen süchtigen Verhaltensweisen eine entscheidende Rolle spielen. Es existieren mittlerweile viele Belege, dass bei krankhaften Glücksspielern das Hirnbotenstoff-Gleichgewicht nachhaltig gestört ist – ebenso, wie es bei dem Parkinsonpatienten versehentlich und gewissermaßen «künstlich» herbeigeführt wurde.

Die mittels modernster bildgebender Verfahren möglich gewordene «Sichtbarmachung» des süchtig programmierten Gehirns samt seiner qualitativ veränderten Funktionsweise bestätigt die erfahrungswissenschaftlichen Beobachtungen von medizinischen und psychologischen Experten vergangener Jahrzehnte. So wurde schon Ende des 19. Jahrhunderts die krankhafte Glücksspielsucht als reinste Form einer Sucht bezeichnet, da substanzbedingte Überlagerungs- und Verzerrungseffekte auszuschließen sind. Damit schließt sich nach vielen Jahren der wissenschaftlichen Auseinandersetzung der Kreis von klinischer Beobachtung, experimentellen Befunden und einem widerspruchsfreien biopsychosozialen Erklärungsmodell der Sucht.

Sie halten nun ein Buch in Händen, welches sich nicht nur mit dem krankhaften Glücksspiel beschäftigt, sondern insbesondere mit einer anderen Variante süchtigen Spielverhaltens, dem momentan viel diskutierten exzessiven Computerspielen im Kindes- und Jugendalter. So hat jüngst unter anderem die langjährige Forschungsarbeit der Interdisziplinären Suchtforschungsgruppe Berlin (ISFB) diese Diskussion mit aktuellen Mitteilungen in Presseartikeln und wissenschaftlichen Symposien bereichert. Schließlich fehlte bislang im deutschsprachigen Raum eine zusammenfassende Darstellung, welche der breiten Öffentlichkeit ein wissenschaftlich begründetes theoretisches Modell von Computerspielsucht darlegt und vor allem eine genaue Charakterisierung dieses Störungsbildes allgemein verständlich beschreibt. Gleichzeitig wird der positive Einfluss von kreativen Tätigkeitsanreizen beim Computerspielen auf Kinder und Jugendliche nicht außer Acht gelassen.

Zudem ergeben sich aus dem Erklärungsmodell der Computerspielsucht auch Handlungsmöglichkeiten für Eltern und professionelle Beratungs- und Therapieeinrichtungen. Die Beschreibung solcher Merkmale bei süchtigem Verhalten ist umso wichtiger, damit bei exzessiven Verhaltensweisen der Suchtbegriff nicht inflationär ausgeweitet wird. Schließlich sind bei weitem nicht alle exzessiv vollzogenen Verhaltensweisen gleich als süchtig zu bezeichnen. Es bedarf stets einer genauern Abgrenzung zum Krankhaften, wozu die Beschreibung der klinischen Merkmale unverzichtbar ist.

Mit dem vorliegenden Werk wird allen Interessierten ein Forschungsüberblick wie auch ein Ratgeber zum praktischen Handeln an die Hand gegeben. Diese innovative und äußerst fruchtbare Lektüre zu einem aktuellen Problemkomplex unserer Tage kann nur empfohlen werden.

Prof. Dr. Jobst Böning

1. Einleitung
Machen Computerspiele Ihr Kind wirklich aggressiv, dumm und süchtig?

Es ist kein Versehen, dass wir dieses Buch mit einer «vorsichtigen» Frage beginnen. Wir möchten Ihnen, geehrte Leserinnen und Leser, mit diesem Buch eine differenzierte Betrachtungsweise des Computerspielens im Kindes- und Jugendalter bieten, wenn auch der Schwerpunkt auf das problematische Computerspielverhalten im Sinne einer Verhaltenssucht gelegt wird. Im Rahmen des vorliegenden Werkes werden die verfügbaren wissenschaftlichen Studien und bislang gewonnenen Erkenntnisse zum Thema Computerspielen im Kindes- und Jugendalter vorgestellt und dabei auch kritisch betrachtet. Dabei ist ebenso eine wache Betrachtung der individuellen Lebensgeschichten unserer jungen Computerspiel-Patienten erforderlich. Sie werden in der Regel von ihren Eltern zu einer Beratung oder Behandlung geschickt und nehmen unsere psychotherapeutischen Bemühungen um eine Beziehungsaufnahme mehr oder weniger ärgerlich zur Kenntnis. Die betroffenen Kinder und Jugendlichen sehen gewöhnlich überhaupt keinen Grund für die geforderte Verhaltensveränderung und sind mehr oder weniger zuversichtlich, dass sie ihr Verhalten nicht ändern müssen. Denn um es vorweg zu nehmen: Mit einem Leidensdruck aufgrund ihres Computerspielverhaltens darf bei exzessiv computerspielenden Kindern oder Jugendlichen zunächst nicht gerechnet werden.

Nicht nur vor diesem Hintergrund passt demnach keine Einführung in die Thematik, die allein durch Dramaturgie imponiert, alle möglichen schlimmen Folgen durch Computerspiele allgemeinverbindlich darlegt und ein undifferenziertes düsteres Bild der «Generation Computer» zeichnet. Zwar beschäftigen sich viele publizierte Artikel mit der befürchteten schädlichen Nutzung und den negativen Folgen der Computernutzung, doch erreichen uns auch viele positive Beispiele des Einsatzes von Computerspielen in der medizinisch-psychologischen Versorgung von Kindern und Jugendlichen: etwa in der klinischen Schmerztherapie, der Rehabilitation, der Biofeedback-Therapie bei Aufmerksamkeitsdefiziten und Impulskontrollstörungen, in Wahrnehmungs-, Denk- und Verhaltenstrainings. Auch aus der Pädagogik werden selbstverständlich sinnvolle Anwendungen von Bildschirmspielen beim Lernen berichtet, ganze Fachzeitschriften befassen sich mit dem Thema. Und nicht zuletzt machen Computerspiele wie alle anderen Spiele manchmal auch einfach nur Spaß.

Neben den förderlichen positiven Aspekten der Computernutzung sprechen dennoch auch die zahlreichen Anfragen besorgter Eltern für einen großen Bedarf an Information und fachlicher Stellungnahme über die Gefahren der exzessiven Computernutzung. So ist es dringend notwendig, sich der auftretenden Sorgen und Fragen anzunehmen und mit diesem Buch interessierten Eltern und allen weiteren interessierten Personen einen Ratgeber in die Hand zu geben, der die Anzeichen und mögliche Ursachen für einen problematischen exzessiven Umgang mit Computerspielen darlegt und Perspektiven der Unterstützung Ihres Kindes auf dem Weg zu einer normalen Computernutzung erörtert. Es ist wichtig, schon eingangs zu erwähnen, dass eine vollständige Abstinenz, wie sie das Ziel in der Therapie von Suchtmittelabhängigen ist, nicht zwingend das Ziel einer Therapie von exzessiver Computernutzung sein muss. Da der Computer aus dem alltäglichen Bereich nicht mehr wegzudenken und zu einem wichtigen Medium im beruflichen und sozialen Alltag geworden ist, sollte vor allem auch der Erwerb eines angemessenen, zweckgebundenen Umgangs im Mittelpunkt der Bemühungen stehen.

Nach kurzer Einleitung zu den verschiedenen Betrachtungsweisen der Computernutzung werden entwicklungspsychologische Aspekte zum Spielen allgemein und in Bezug auf Computerspiele näher betrachtet. Im Folgenden wird dann auf das Phänomen der exzessiv und krankhaft durchgeführten, belohnungssuchenden Verhaltensweisen (Formen der Verhaltenssucht) und auf den aktuellen Diskussionsstand zu diesen Störungsbildern eingegangen und dann die Merkmale der Computerspielsucht als eine Form der Verhaltenssucht dargestellt. Anschließend wird die Verbreitung und Häufigkeit der Computerspielsucht dargestellt und der Frage nachgegangen, warum überwiegend männliche Jugendliche den Computer exzessiv nutzen. Um ein weitergehendes Verständnis für dieses Störungsbild zu erhalten, werden psychologische Aspekte zur Entstehung und Aufrechterhaltung von Computerspielsucht vorgestellt sowie anhand eines Fallbeispiel die Funktion des Computerspiels bei der Entwicklung einer Computerspielsucht thematisiert.

Es folgt eine Darstellung der Begleiterscheinungen sowie der Folgen der Computerspielsucht, wobei auf die längst noch nicht geklärte Frage verwiesen wird, was Ursache und was Wirkung eines solchen exzessiven Computerspielverhaltens ist. Weiterhin werden wesentliche mit der Computerspielsucht zusammenhängende Aspekte thematisiert, wobei der Bereich der Emotionen und des Stresserlebens näher beleuchtet werden. Dem anschließenden Abschnitt zu den Auswirkungen von Computerspielen auf den Körper des Heranwachsenden folgen Hinweise für Eltern und Interessierte zum Umgang mit dem exzessiv computerspielenden Kind. Dabei wird anhand von Kopiervorlagen dem interessierten Leser die Möglichkeit zur praktischen Umsetzung der vorgestellten Maßnahmen gegeben. Im weiteren Verlauf wird dann näher auf Möglichkeiten eingegangen, gemeinsam mit dem exzessiv computerspielenden Kind sein Computernutzungsverhalten zu ändern, wobei in einem ersten Schritt auf die Kommunikation mit dem Kind und dann in einem zweiten Schritt auf die Verhaltensveränderung eingegangen wird. Das Buch schließt mit einigen aktuellen Kontaktadressen für beratungs- und hilfesuchende Eltern und Interessierte ab.

2. Exzessives Computerspielen: ein kontrovers diskutiertes Verhaltensmuster im Kindes- und Jugendalter

Elektronische Unterhaltungsmedien sind integraler Bestandteil des Alltags Heranwachsender geworden und nahezu überall anzutreffen, zum Beispiel zu Hause, in der Schule und in Bibliotheken (Bremer, 2005). Computer und Videospiele nehmen dabei eine herausragende Stellung ein und erfreuen sich anhaltend eines wachsenden Interesses unter Kindern und Jugendlichen: In der Literatur finden sich bei etwa elfjährigen Schülern beiderlei Geschlechts durchschnittliche Spielzeiten von täglich rund einer Stunde während der Schulwoche, wobei sich mit zunehmenden Alter ein deutlicher Zuwachs der täglich für das Computerspielen aufgewendeten Zeit vor allcm bei den Jungen feststellen lässt. In einer Studie zur Computernutzung spielten die befragten Jungen im Alter von zirka 15 Jahren nach der Schule durchschnittlich 1,8 Stunden (Richter & Settertobulte, 2003).

Die öffentliche und wissenschaftliche Diskussion um Nutzen oder Schaden solcher Medien wird nach wie vor kontrovers geführt. Oftmals wird für einen frühen Umgang mit moderner Computertechnologie plädiert, weil dies für sinnvoll und wünschenswert hinsichtlich zu erwartender Anforderungen an berufliche und soziale Qualifikationen erscheint: In einer Befragung zur Bedeutung von Qualifikationen von Schülern erachteten die Teilnehmer das «Computer- und Medienwissen» für wichtiger als die «Neugier und Freude am Lernen» (Healy, 1998). So sind auch die positiven Effekte von Computerspielen in klinischen Bereichen der Versorgung von Schmerzpatienten, bei der Biofeedback-Behandlung von Aufmerksamkeitsdefiziten und Verhaltenstrainingsprogrammen im pädagogischen Bereich sowie beim Training von Wahrnehmungsleistungen gut belegt (Griffiths, 2002). Darüber hinaus wird jedoch die einfache Feststellung, dass Computerspiele eben (mehr oder minder gut gemachte) Spiele sind und Kinder auch solche Spiele sinnvoll für sich nutzen können, in Anbetracht möglicher schädlicher Konsequenzen elektronischer Bildschirmspiele selten herausgehoben (Gelfond & Salonius-Pasternak, 2005).

Im Gegensatz zu den nützlichen Anwendungsbeispielen wird somit berechtigterweise davon ausgegangen, dass der exzessive Gebrauch von Computertechnologie ernstzunehmende schädliche Folgen für die psychische und körperliche Gesundheit der Heranwachsenden haben kann (z.B. Grüsser, Thalemann, Albrecht, & Thalemann, 2005). Griffiths und Kollegen (2004) zeigten zum Beispiel, dass fast 80 Prozent der an einer Befragung teilnehmenden Jugendlichen berichteten, wenigstens einen Bereich in ihrem Leben für Online-Spiele zu opfern. Dabei vernachlässigten die Jugendlichen im Vergleich zu erwachsenen Spielern sehr viel stärker (signifikant häufiger) den Bereich Schule, Ausbildung oder Beruf.

Welche Gründe sind denkbar, um die starke Faszination zu erklären, die Computerspiele auf Jugendliche ausüben? Bei der Sichtung der vorhandenen Literatur fällt auf, dass exzessives Computerspielen fast nur für das Kindes- und Jugendalter untersucht wurde, wohl weil landläufig angenommen wird, dass Heranwachsende für Computer- und Videospiele empfänglicher sind als Erwachsene. Jedoch werden die Ursachen für diese besondere Empfänglichkeit dabei kaum untersucht oder diskutiert. Im Folgenden sollen daher, bevor das Phänomen des exzessiven Computerspielens genauer beschrieben wird, zunächst einige Gedanken der entwicklungspsychologischen Forschung zum Spielen allgemein aufgegriffen und in Bezug auf Computerspiele näher betrachtet werden.

3. Das Spiel und seine Bedeutung für den heranwachsenden Menschen

Die verschiedenen einflussreichen Deutungen des Spiels aus entwicklungspsychologischer Sicht führen trotz fundamental unterschiedlicher Theorien zu der Annahme, dass Spielen Aufgaben der Lebensbewältigung zu einem Zeitpunkt übernimmt, da über andere Techniken und Möglichkeiten noch nicht verfügt werden kann (Oerter, 2003).

Die Darstellung von Groos (1899), dass das Spiel durch die Übung lebenswichtiger Funktionen entwicklungsfördernd sei, findet vielfach Zustimmung. Doch selbst wenn dem so sei erklärt sich daraus noch nicht, warum Kinder spielen, da die Motivation zum Spielen kaum im «Interesse am Training eigener Funktionen» besteht. Dass Kinder einfach nur Spaß am Spiel haben, stimmt auch nicht in jedem Fall: So lassen sich viele Spielhandlungen beobachten, die zum Beispiel furchteinflößende Situationen zum Gegenstand haben, bei denen sich die Handlung ständig (stereotyp) wiederholt oder die durch die selbstauferlegte starke Reglementierung als nur wenig lustversprechend erscheinen.

Der Gründer der Psychoanalyse und wohl bekannteste Psychoanalytiker Sigmund Freud (1908/1993) betonte vor allem die wunscherfüllende Funktion des Spiels. Das Spiel erlaube dem Kind, den Zwängen der Realität zu entrinnen und tabuisierte Impulse (z. B. Aggressivität) auszuleben. Das Spiel gehorcht dabei dem «Lustprinzip»: die Befreiung von Ängsten erfolgt mit dem Ausleben unerfüllter Triebwünsche beim Spiel.

Für andere Autoren erfüllt das Spiel für Kinder vorrangig die Möglichkeit, dem Bedürfnis nachzukommen, den Erwachsenen in Kraft, Geschicklichkeit und Arbeit nachzueifern (Wygotski, 1933/1980). Dieses Bedürfnis erlaube keinen Aufschub, so dass Spielen die einzige Lösung für die Reduktion des Spannungszustandes darstellt. Doch da sich das spielende Kind des Motivs seines Handelns nicht bewusst ist, unterscheidet sich das Spiel prinzipiell von Arbeit oder anderen Tätigkeiten. Ein weiterer bekannter Entwicklungspsychologe, Piaget (1969), sieht schließlich spätestens mit der Entwicklung des Symbolspiels (gekennzeichnet durch Umdeutung von Gegenständen und den Aufbau von Fiktionen) in der Spielhandlung eine Abwehr von Zwängen der äußeren Wirklichkeit. Im Spiel kann das Kind seine Sichtweisen von der Welt beibehalten ohne dass sie – wie im alltäglichen Kontakt mit Erwachsenen – kontrastiert und in Frage gestellt werden.

Übertragen auf das neuere Phänomen der Nutzung von Computerspielen bieten die verschiedenen theoretischen Modelle interessante Erklärungsansätze, warum Computerspiele eine derart große Faszination auf Kinder und Jugendliche ausüben. So erlauben Computerspiele oftmals aggressive Handlungsweisen, die in der Realität nicht akzeptabel sind. Die spielerische Auseinandersetzung mit Krieg, Gewalt und Katastrophen ohne die Gefahr der körperlichen Versehrtheit ist nicht allein für Computerspiele zutreffend («rumble & tumble play», Kriegsspiele), doch erlebt sie durch elektronische Medien und leistungsfähige Hardware der neuesten Generation ein vormals undenkbares Ausmaß an realistischer Darstellung (Gelfond & Salonius-Pasternak, 2005), die unter anderem auch zur Revision des bundesdeutschen Jugendschutzgesetzes führte (Bundesministerium für Familie, Senioren, Frauen, Jugend, 2004).

Weiter gefasst bieten elektronische Bildschirmspiele mit ihrer spezifischen Struktur Kindern hervorragende Möglichkeiten, im Sinne Wygotskis die Beschränkung des eigenen Handlungsspielraumes zu verlassen und in Phantasiewelten ihrem Bedürfnis nach Autonomie, Autorität und sozialer Anerkennung nachzukommen. Piagets Deutung des kindlichen Spiels kann hinsichtlich der Video- und Computerspiele möglicherweise dadurch ergänzt werden, dass Kinder bereitwillig solche Phantasiewelten annehmen, die durch ein nicht allzu kompliziertes, aber verlässliches Regelwerk strukturiert sind und die nach einer kurzen Eingewöhnung die Kontrolle über den weiteren (neuerdings auch nicht-linearen) Ablauf des Spiels in die Hände des Kindes legen. Dabei wird der Lauf der Ereignisse von dem Heranwachsenden (subjektiv) maßgeblich bestimmt, was für die reale Welt mitnichten zutrifft. Ernste Frustrationen oder gar erzwungene Modifikationen der Weltsicht, wie sie in der Auseinandersetzung mit der «äußeren» (realen) Welt vorkommen, sind kaum zu erwarten. Eine wesentliche Rolle spielt in diesem Zusammenhang sicherlich auch die Möglichkeit der Annahme von Wunschidentitäten, die nicht mit den Problemen der realen Welt belastet sind. Weiterhin wird durch das aktive Gestalten des Spiels ein Gefühl von Kontrolle und somit auch «Sicherheit» vermittelt (Gelfond & Salonius-Pasternak, 2005).

Zusammenfassend lässt sich sagen, dass Computer- und Videospiele den Rahmen für ein schnelles, unkompliziertes Eintauchen in phantastische Welten bieten. Die Themen sind speziell auf die Interessen von Kindern und Jugendlichen zugeschnitten. Die Spiele ermöglichen mehrheitlich unmittelbare, schnelle Erfolge ohne Belohnungsaufschub (d. h. der Erfolg wird unmittelbar erkennbar), da es durch die konzeptuellen und technischen Gegebenheiten kaum zu gravierenden Frustrationserfahrungen kommt. Hierzu gehören für das Erfolgserleben durch das Computerspiel ein zumeist leichter Schwierigkeitsanstieg, geplante Trainingseffekte und auch die Möglichkeit, über so genannte «Cheat-Codes» (Schummelcodes) zu mogeln und damit schwere Stellen zu überwinden. Bei aller Komplexität erlauben Computer- und Videospiele aufgrund schnell zu erfassender Regeln eine leichtere Orientierung als in realen sozialen Netzwerken.

Auch wenn sich die vorgestellten psychologischen Modelle des kindlichen Spiels zum Teil nur auf bestimmte Entwicklungsstufen beziehen und nicht ohne Weiteres für das Kindes- und Jugendalter verallgemeinert werden können, kann doch angenommen werden, dass Computer- und Videospiele den Bedürfnissen von Kindern und Jugendlichen in mehrfacher Hinsicht entgegenkommen.

Die psychologischen Grundbedürfnisse von Heranwachsenden (wie auch von Erwachsenen) sind unter anderem wie folgt von den Autoren Borg-Laufs und Hungerige (2005) aufgeführt:

- Bedürfnis nach Orientierung und Kontrolle
- Bedürfnis nach Lustgewinn und Unlustvermeidung
- Bedürfnis nach Selbstwerterhöhung.

Dabei ist für das psychische Wohlbefinden des Menschen die Bedürfnisbefriedigung im sozialen Austausch von Bedeutung. Offen bleibt jedoch, ob eine Bedürfnisbefriedigung durch Computer- und Videospiele – wie sie in diesem Kapitel beschrieben sind – der gesunden psychischen und körperlichen Entwicklung des Kindes im Wege steht oder nicht.

4. Computerspielsucht

4.1 Exzessives Computerspielen als eine Form von Verhaltenssucht

Missbrauch und Abhängigkeit von psychotropen (bewusstseins-verändernden) Substanzen wie Alkohol, Rauschdrogen oder Medikamente) stellen in Deutschland die größte Gruppe psychischer Störungen dar und sind empirisch gut beschrieben. Zu den verschiedenen Formen der so genannten Verhaltenssucht (exzessive Computer-/Internetnutzung, (Glücks)Spielsucht, exzessives Sporttreiben und Arbeitssucht) gibt es derzeit wenig genaue Angaben. Von diesen Störungsbildern sind jedoch weltweit nicht nur Millionen Personen direkt, sondern auch indirekt durch soziale und berufliche Verknüpfungen/Auswirkungen betroffen (Poppelreuter & Gross, 2000). Umso wichtiger ist eine adäquate Diagnostik des Störungsbildes, das heißt die Erstellung eines Kataloges, der die jeweiligen Erkennungsmerkmale genau festlegt. Nur bei einer genauen Beschreibung und Einordnung des Störungsbildes lassen sich auch effektive therapeutische Maßnahmen ableiten. Weiterhin ist eine genaue Definition des Begriffes Verhaltenssucht erforderlich, um einem (sich leicht anbietenden) inflationären Gebrauch entgegenzuwirken – das heißt, es wird dann exzessives Verhalten zu schnell mit einem süchtigem Verhalten gleichgesetzt. So ist eine sorgfältige Abgrenzung des Störungsbildes Verhaltenssucht von anderen, nicht süchtigen, exzessiv beziehungsweise von der Norm abweichend durchgeführten Verhaltensweisen, dringend notwendig (Saß & Wiegand, 1990; Böning, 1991).

Bei der nichtstoffgebundenen Sucht, der Verhaltenssucht, werden keine bewusstseinsverändernden (psychotropen) Substanzen von außen zugeführt oder eingenommen; der gewünschte, als Belohnung empfundene psychotrope Effekt (Kick-Erleben, Entspannung, Ablenkung) stellt sich durch körpereigene biochemische Veränderungen ein, die durch bestimmte exzessiv durchge-

Kasten 4.1.1: «Die Glücksspielsucht als erste beschriebene Form der Verhaltenssucht»

Der Begriff Sucht leitet sich von «siech» – gleichbedeutend mit krank – ab. Der Begriff Sucht wurde als Übersetzung für das lateinische Wort «morbus» benutzt und erst im 16. Jahrhundert durch die Begriffe Krankheit, Seuche und Siechtum ersetzt. Komposita von Sucht bezeichneten spezifische Krankheiten (Gelbsucht, Schwindsucht), aber vor allem (Fehl-) Verhaltensweisen moralisch-religiöser Art (Habsucht, Streitsucht) wie auch schließlich den Missbrauch von (psychotropen, d.h. bewusstseinsverändernden) Substanzen. Entgegen der Wortgeschichte wurde Sucht mit Suchen zusammengebracht; es wird daher von einer Sucht nach etwas oder einer Sucht, dieses und jenes zu tun oder zu erlangen, gesprochen (Gabriel, 1962). Ende des 19. Jahrhunderts waren die allgemeinen Merkmale stoffgebundener und auch nichtstoffgebundener Suchterkrankungen bekannt und es wurden vier besonders relevante Suchtarten unterschieden: Trunk-, Morphium-, Kokain- und Spielsucht (Erlenmeyer, 1887).

Die in jüngerer Zeit als «neu» propagierte Trennung von nichtstoffgebundenen und stoffgebundenen Suchtformen ist demnach schon lange vorher beschrieben worden und war nur zeitweise durch naturwissenschaftliche Strömungen in Vergessenheit geraten, da diese den «Stoff» in den Mittelpunkt ihres Denkens setzten. Die starke Fokussierung der Medizin auf substanzgebundene Suchtformen kritisierte bereits 1954 von Gebsattel, für den «jede Richtung des menschlichen Interesses süchtig zu entarten vermag». So wurde 1962 der Begriff Sucht nicht nur auf die von psychotropen Substanzen induzierte Abhängigkeit reduziert, sondern es wurde zwischen «Suchten nach chemisch definierbaren Substanzen» und «Tätigkeitssüchten», unter die unter anderem Sexsucht, Sammelsucht und Spielsucht fallen, unterschieden (Gabriel, 1962; Gabriel & Kratzmann, 1936). So könnte man behaupten, dass wir gegenwärtig wieder bei der Überzeugung angelangt sind, die der berühmte flämische Arzt Pascasius Iustus Turck schon 1561 niederschrieb: *«Ich glaube, dass das Würfelspiel genau dieselbe Wirkung hat wie der Wein... Die sichtbarsten und schlimmsten Auswirkungen (der Spielsucht) sind folgende: ständige geistige Ruhelosigkeit, Pflichtvergessenheit, Armut, Verfluchung, Diebstahl und Verzweiflung.»* (aus: Kellermann, 2004, S. 462).

Der zu dem Ausdruck Verhaltenssucht synonym genutzte Begriff der Verhaltensabhängigkeit impliziert, dass sowohl pharmakologische Substanzen, die direkt auf unser Belohnungssystem im Gehirn einwirken, als auch Verhaltensweisen, die wie andere Umweltreize indirekt auf das Gehirn einwirken, eine Belohnung für das Gehirn darstellen (Böning, 1999).

Kasten 4.1.2: Exzessives Computerspielen – ein süchtiges Verhalten mit Leidensdruck?

Nicht alle Verhaltensweisen, die dem Menschen Freude bereiten und exzessiv durchgeführt werden, sind mit süchtigen Verhaltensweisen gleichzusetzen. So müssen klare diagnostische Merkmale beziehungsweise Kriterien zutreffen und es muss ein Leidensdruck durch das exzessive Ausüben dieser Verhaltensweisen entstehen oder absehbar sein. Ein weiterer Hinweis auf ein süchtiges Verhalten könnte sein, dass das Verhalten nicht mehr – so wie zu Beginn – als positiv empfunden wird und trotzdem durchgeführt werden muss.

Für Computerspieler im Kindes- und Jugendalter ist ein Leidensdruck jedoch meistens nicht feststellbar; im Gegenteil, das «Problematische» beim Computerspielverhalten wird von dem spielenden Heranwachsenden fast immer bagatellisiert und verharmlost. In Anbetracht der Entwicklungen, die sich bei einigen erwachsenen computerspielsüchtigen Patienten gezeigt haben, ist jedoch davon auszugehen, dass ein exzessives Computerspielen im Sinne einer Verhaltenssucht die psychische und soziale Entwicklung negativ beeinflusst. So können im Laufe eines exzessiven süchtigen Computerspielverhaltens neben der Vernachlässigung privater und beruflicher Bereiche und Verpflichtungen auch weitere psychische Störungen begünstigt werden. Im Rückblick wird das eigene Computerspielverhalten dann auch von den Betroffenen selber durchaus als problematisch bewertet.

führte Verhaltenweisen ausgelöst werden. Gemeinsames Merkmal der verschiedenen Formen der Verhaltenssucht ist somit die exzessive Ausführung des Verhaltens, also eine Ausführung über das normale Maß hinaus.

Bislang hat das Störungsbild der Verhaltenssucht noch keinen Eingang als eigenständiges Störungsbild in die gängigen internationalen Klassifikationssysteme psychischer Störungen (ICD-10, Dilling et al., 2000; DSM-IV-TR, Saß et al., 2003) gefunden. Diese Klassifikationssysteme dienen dazu, anhand der dort aufgelisteten und beschriebenen Merkmale beziehungsweise Kriterien die verschiedenen Störungen allgemeinverbindlich erkennen und diagnostizieren zu können. Aufgrund der Diagnose wird dann die Art der anzuwendenden Therapie bestimmt. Heutzutage ist eine Diagnosestellung für die verschiedenen Formen der Verhaltenssucht jedoch wegen des fehlenden Eintrags noch erschwert und wird daher auch noch recht uneinheitlich gehandhabt beziehungsweise kann die Diagnose offiziell nicht gestellt werden.

Derzeit ist nur eine Form der suchtartigen Verhaltensweisen, das «Pathologische (Glücks-) Spiel», in die Klassifikationssysteme aufgenommen und unter «abnorme Gewohnheiten und Störungen der Impulskontrolle» aufgelistet worden (**Kasten 4.1.1**). Bei den «abnormen Gewohnheiten und Störungen der Impulskontrolle» sind Verhaltensstörungen zusammengefasst, die sich darin ähneln, dass sie einen unkontrollierbaren Impuls beschreiben. Neben dem pathologischen (Glücks-)Spiel werden hier zum Beispiel auch die Pyromanie (krankhafte Brandstiftung) und die Kleptomanie (krankhaftes Stehlen) aufgeführt. Hieran zeigt sich, dass das pathologische (krankhafte) Glücksspiel nicht den Abhängigkeitserkrankungen zugeordnet wird, sondern einer so genannten «Restkategorie», in der sich unterschiedliche Störungen befinden. Es ist also gegenwärtig nur möglich, die verschiedenen Formen der Verhaltenssucht in Anlehnung an die Einordnung des «Pathologischen (Glücks-) Spiels» zu diagnostizieren (s. Kasten 4.1.5, Seite 26). Die Einordnung des pathologischen (Glücks-)Spiels und der anderen Formen exzessiven belohnenden Verhaltens unter die Störung der Impulskontrolle erweist sich jedoch als unzureichend und kann verhindern, dass in der Praxis geeignete Elemente aus der Behandlung suchtkranker Patienten in der Therapie angewendet werden.

Weiterhin werden seit 1989 auch in den Diagnosesystemen eindeutige Parallelen bei den Merkmalen beziehungsweise diagnostischen Kriterien für die Substanzabhängigkeit und denen für das krankhafte beziehungsweise pathologische (Glücks-)Spiel aufgeführt (s. **Kasten 4.1.3** für den Substanzmissbrauch, **Kasten 4.1.4** für die Substanzabhängigkeit und **Kasten 4.1.5** für das pathologische Glücksspiel). Somit wird eine Entsprechung der Merkmale des krankhaften Glücksspielverhaltens zu wichtigen Merkmalen der Substanzabhängigkeit herausgestellt, wobei das für die Substanzabhängigkeit genannte Kriterium des Entzugssyndroms (Entzugserscheinungen treten auf, wenn die Droge nicht mehr eingenommen werden kann) beim pathologischen Glücksspiel nicht aufgeführt wird. Dennoch könnten auch beim krankhaften Glücksspiel auftretende Unruhe und Gereiztheit bei dem Versuch, das Spielen aufzugeben oder einzuschränken als Entzugssymptome interpretiert werden.

Im Vordergrund steht daher das starke Verlangen zu spielen und die eingeschränkte Kontrolle über das Suchtverhalten, das trotz negativer Konsequenzen gesteigert fortgesetzt wird. Die Ausübung des exzessiven Verhaltens steht somit an oberster Stelle (von Gebsattel, 1948).

Bislang gibt es wenige Kenntnisse über Störungsbilder mit exzessiven belohnenden Verhaltensweisen, die die Kriterien einer Abhängigkeit erfüllen (z. B. Kauf-, Arbeits- oder Spielsucht). Die hohe Anzahl an Betroffenen, die Beratung und Hilfe suchen, weist jedoch deutlich auf die Notwendigkeit einer genauen Charakterisierung von Verhaltenssucht sowie eines entsprechenden Angebots im Hilfesystem hin. Auch wenn bislang das Störungsbild der exzessiven belohnungssuchenden Verhaltensdurchführung noch nicht offiziell als Suchterkrankung anerkannt ist, so gibt es inzwischen vor allem im englischsprachigen Raum verschiedene Studien und Belege, die bei den unterschiedlichen Arten der exzessiv durchgeführten Verhaltensweisen (wie z. B. dem exzessiven

---

Kasten 4.1.3: Merkmale und diagnostische Kriterien des Substanzmissbrauchs

Nach dem «Diagnostischen und Statistischen Manual Psychischer Störungen» (DSM-IV-TR, Saß et al., 2003) wird Missbrauch (zu diesem Zeitpunkt liegt keine Abhängigkeit vor) einer bewusstseinsverändernden oder psychotropen Substanz dann diagnostiziert, wenn mindestens eines der folgenden Kriterien innerhalb eines 12-Monats-Zeitraums erfüllt ist:

- Versagen beim Erfüllen wichtiger Verpflichtungen, z. B. bezogen auf die Arbeit, Schule und Familie
- wiederholter Substanzkonsum in Situationen, in denen es deswegen zu körperlicher Gefährdung kommen kann
- wiederholte Gesetzeskonflikte wegen des Substanzkonsums
- fortgesetzter Substanzkonsum trotz ständiger sozialer oder zwischenmenschlicher Probleme, die durch den Substanzkonsum verstärkt werden.

In der «Internationalen Klassifikation psychischer Störungen» (ICD-10, Dilling et al., 2000) findet sich anstelle des Begriffes «Missbrauch» die Bezeichnung «schädlicher Gebrauch». Die ICD-10 stellt die psychische oder physische gesundheitliche Schädigung des Konsumenten durch die Substanzeinnahme in den Vordergrund. Das Verhalten wird von anderen Personen kritisiert und zieht häufig verschiedene negative soziale Folgen nach sich. Ein zeitlicher Rahmen wird in der ICD-10 nicht festgelegt.

Computerspielen, Glücksspielen, Sporttreiben und Einkaufen) ein Suchtpotenzial nachweisen und/oder die Parallelitäten zwischen diesen exzessiv krankhaft durchgeführten Verhaltensweisen und der Substanzabhängigkeit belegen (für eine aktuelle Übersicht zu den verschiedenen Formen der Verhaltenssucht siehe Grüsser & Thalemann, 2006).

So zeigen die Betroffenen vergleichbare Merkmale in Bezug auf die Durchführung des «süchtigen Verhaltens» (ob nun mit oder ohne Zuführung einer Substanz von außen) und die dadurch entstehenden Folgen. Auch erfüllt das exzessive krankhafte Verhalten als effektive jedoch inadäquat eingesetzte (Stress-)Verarbeitungsstrategie eine zur Suchtmittelwirkung vergleichbare Funktion.

Grundsätzlich geht es darum, dass von den Betroffenen durch den Suchtmittelgebrauch oder auch durch exzessives, belohnendes Verhalten (z. B. intensive Computer-/Internet-Nutzung, pathologisches Spielen, exzessives Kaufen, exzessives Sport treiben) schnell und effektiv Gefühle im Zusammenhang mit Frustrationen, Ängsten und Unsicherheiten reguliert beziehungsweise verdrängt werden. Analog zum Effekt bei dem Gebrauch von psychotropen Substanzen (z. B. Drogen oder Alkohol) kann eine aktive Auseinandersetzung des Betroffenen mit Problemen dabei immer mehr in der Hintergrund rücken und «verlernt» werden. Uneingeschränktes exzessives Verhalten erhält somit, wie der Gebrauch einer psychotropen Substanz, die Funktion, das Leben für den Betroffenen erträglich zu gestalten und Stress inadäquat zu bewältigen. Dieses suchtartige Verhalten wird im Laufe einer krankhaften Verhaltensentwicklung oftmals zur noch einzig vor-

---

Kasten 4.1.4: Merkmale und diagnostische Kriterien der Substanzabhängigkeit

- anhaltender Wunsch oder erfolglose Versuche, den Substanzkonsum zu verringern oder zu kontrollieren
- die Substanz wird häufig in größeren Mengen oder länger als beabsichtigt eingenommen
- Entzugssymptome, die sich entweder in einem charakteristischen Entzugssyndrom der jeweiligen Substanz äußern oder dieselbe (oder eine sehr ähnliche) Substanz wird eingenommen, um Entzugssymptome zu lindern oder zu vermeiden
- Toleranzentwicklung, definiert durch das Verlangen nach ausgeprägter Dosissteigerung oder die deutlich verminderte Wirkung bei fortgesetzter Einnahme
- anhaltender Wunsch oder erfolglose Versuche, den Substanzkonsum zu verringern/kontrollieren
- wichtige soziale, berufliche oder Freizeitaktivitäten werden aufgrund des Substanzkonsums aufgegeben oder eingeschränkt
- fortgesetzter Substanzkonsum trotz Kenntnis eines anhaltenden oder wiederkehrenden körperlichen oder psychischen Problems, das wahrscheinlich durch die Substanz verursacht wurde oder verstärkt wird
- viel Zeit für Aktivitäten, um die Substanz zu beschaffen, sie zu sich zu nehmen oder sich von ihren Wirkungen zu erholen
- Die Merkmale müssen über einen Zeitraum von 12 Monaten hinweg auftreten.

handenen Bewältigungsstrategie im Sinne einer Selbstmedikation: Psychische Belastungen und Stressoren wie belastender Alltag, Ängste, Einsamkeit, Schüchternheit, Langeweile, Versagenserlebnisse, Gruppendruck oder schwierige Entwicklungsprozesse sollen auf diese Weise reduziert werden.

Somit ist die Einordnung einer exzessiven Verhaltensweise als Verhaltenssucht gerechtfertigt, wenn sie bestimmte Merkmale erfüllt (z. B. die Funktion und diagnostischen Kriterien einer Abhängigkeitserkrankung, vgl. **Kasten 4.1.5**). In dem vorliegenden Buch wird auf der Grundlage dieser Erkenntniss das Störungsbild «Computerspielsucht» näher beleuchtet und ein möglicher Umgang mit diesem vorgestellt.

Im Folgenden werden an einem Fallbeispiel die Merkmale und diagnostischen Kriterien der Verhaltenssucht für das exzessive Computerspielen verdeutlicht (entnommen aus Grüsser & Thalemann, 2006, S. 179 ff). Dabei berichtet ein 29-jähriger Mann, Herr A., von seiner exzessiven Computernutzung in der Vergangenheit.

Kasten 4.1.5: Merkmale und diagnostische Kriterien des krankhaften (Glücks-) Spielens

Der Betroffene

- ist stark eingenommen vom Glücksspiel (z. B. starke Beschäftigung mit gedanklichem Nacherleben vergangener Spielerfahrungen, mit Verhindern oder Planen nächster Spielunternehmungen, Nachdenken über Wege, Geld zum Spielen zu beschaffen)
- muss mit immer höheren Einsätzen spielen, um die gewünschte Erregung zu erreichen
- hat wiederholt erfolglose Versuche unternommen, das Spielen zu kontrollieren, einzuschränken oder aufzugeben
- ist unruhig und gereizt beim Versuch, das Spielen einzuschränken oder aufzugeben
- spielt, um Problemen zu entkommen oder um eine dysphorische Stimmung (z. B. Gefühle von Hilflosigkeit, Schuld, Angst, Depression) zu erleichtern
- kehrt, nachdem er beim Glücksspiel Geld verloren hat, oft am nächsten Tag zurück, um den Verlust auszugleichen (dem Verlust hinterher jagen)
- belügt Familienmitglieder, den Therapeuten oder andere, um das Ausmaß seiner Verstrickung in das Spielen zu vertuschen
- hat illegale Handlungen wie Fälschung, Betrug, Diebstahl oder Unterschlagung begangen, um das Spielen zu finanzieren
- hat eine wichtige Beziehung, seinen Arbeitsplatz, Ausbildungs- oder Aufstiegschancen wegen des Spielens gefährdet oder verloren
- verlässt sich darauf, dass andere ihm Geld bereitstellen, um die durch das Spielen verursachte hoffnungslose finanzielle Situation zu überwinden

Von den zehn Kriterien müssen mindestens fünf erfüllt sein, um die Diagnose «Pathologisches (krankhaftes) Glücksspiel» stellen zu können.

Bei der Diagnosestellung muss darauf geachtet werden, dass krankhaftes Glücksspiel auch als Symptom einer bestehenden psychiatrischen Erkrankung auftreten kann (Saß & Wiegand, 1990).

Im Alter von 11 Jahren bekam Herr A. seinen ersten Computer. Bald schon nutzte er den Rechner hauptsächlich zum Spielen, an manchen Wochenenden bis zu 17 Stunden, einmal sogar 26 Stunden fast ohne Unterbrechung. Auch nach der Schule – so erinnert er sich – war sein erster Gang der zum Computer, an dem er dann Toleranzentwicklung bis zum Abend spielte. Nach dem Schulabschluss bekam Herr A. keine Ausbildungsstelle und so spielte er täglich 15 bis 17 Stunden. Der gesteigerte Zeitaufwand für Computerspiele ging mit dem immer größer werdenden Angebot an Computerspielen einher und der Möglichkeit, Raubkopien mit Freunden zu tauschen. Herr A. beschreibt die Entwicklung so: «Mit mehr Angebot kamen auch mehr Stunden, weil ich einfach mehr Welten zur Verfügung hatte, in die ich ‹reinspringen› konnte.»

Verlangen Besonders in schwierigen Lebenssituationen hatte Herr A. schon kurz nach dem Aufstehen den Drang, den Computer einzuschalten.

Dazu kommt eine gewisse «Beschaffungskriminalität» in Form von illegalen Spielkopien sowie ein fast permanentes schwer zu zügelndes Verlangen nach Computerspielen.

Kasten 4.1.6: Merkmale und Kriterien der Verhaltenssucht in Anlehnung an den aktuellen Diskussions- und Forschungsstand (nach Grüsser & Thalemann, 2006)

- Verhalten wird über einen längeren Zeitraum (mind. 12 Monate) in einer exzessiven, von der Norm und über das Maß hinaus (z. B. Häufigkeit) abweichenden Form gezeigt
- Kontrollverlust über das exzessiv ausgeführte Verhalten (Dauer, Häufigkeit, Intensität, Risiko)
- Belohnung (das exzessive Verhalten wird als unmittelbar belohnend empfunden)
- Toleranzentwicklung (das Verhalten wird länger, häufiger und intensiver durchgeführt, um den gewünschten Effekt zu erhalten, bei gleichbleibender Intensität und Häufigkeit des Verhaltens bleibt die gewünschte Wirkung aus)
- anfänglich angenehmes belohnendes Verhalten wird im Verlauf der Suchtentwicklung als zunehmend unangenehmer empfunden
- unwiderstehliches Verlangen, das Verhalten ausüben zu wollen/müssen
- Funktion (das Verhalten wird vorrangig eingesetzt, um die Stimmung/Gefühle zu regulieren)
- Wirkungserwartung (Erwartung eines angenehmen/positiven Effektes durch die exzessive Verhaltensausführung)
- eingeengtes Verhaltensmuster (gilt auch hinsichtlich Vor- und Nachbereitung des Verhaltens)
- gedankliche Beschäftigung mit Vorbereitung, Durchführung und Nachbereitung des exzessiven Verhaltens und unter Umständen den antizipierten (erwarteten) Folgen der exzessiven Verhaltensdurchführung
- irrationale, verzerrte Wahrnehmung bezüglich verschiedener Bereiche des exzessiven Verhaltens
- Entzugserscheinungen (psychische und physische Entzugserscheinungen)
- Fortsetzung des exzessiven Verhaltens trotz schädlicher Folgen (gesundheitlich, beruflich, sozial)
- konditionierte Reaktionen (treten bei Konfrontation mit internalen (im Körper/psychisch wahrgenommenen) und externalen (in der Umwelt wahrgenommenen) Reizen auf, die mit dem exzessiven Verhalten assoziiert sind – auch bei der gedanklichen Beschäftigung mit dem exzessiven Verhalten)
- Leidensdruck.

Die positiven Effekte, die Computerspiele auf Herrn A. hatten, beschreibt er mit Euphorie, Adrenalinausschüttung, Wachheit, Befriedigung, dem Erleben von Machtgefühlen und starkem Selbstvertrauen sowie auch mit dem Erringen von Anerkennung durch Leistung und mit dem Vertreiben negativer Gefühle: «Für mich war es erstmals die Möglichkeit, in die mythologische Rolle des Helden hineinzuspringen: Ich war nicht mehr der schlechte Schüler, der irgendwo in einer westdeutschen Kleinstadt lebt, sondern war eben Held oder auch mal General einer ganzen Armee, der strategische Entscheidungen zu treffen hatte: Die Rolle, die

Entzugserscheinungen

mir gegeben wurde, war natürlich befriedigender.» In den Zeitabschnitten, in denen sich Herr A. einmal nicht an den Computer setzen konnte, erinnert er sich an psychomotorische Agitiertheit (körperliche Unruhe) – bereits anfangs, als er noch zur Schule ging: «Auf jeden Fall habe ich schon in der Schule gefiebert und war unruhig, dass ich nachmittags wieder spielen konnte.» Dazu kamen vegetative Symptome und eine starke Erregung in Erwartung des nächsten Computerspiels: «Es war ab einem gewissen Zeitpunkt immer so eine leichte Unzufriedenheit mit jeglicher sozialer Umgebung da, ich merkte einen Kitzel, ein Gefühl von Euphorie und Schwitzen, denn ich wusste: gleich wartet mein Game auf mich!»

Das exzessive Computerspielen selbst hatte für ihn recht bald negative Konsequenzen in Form von Einschlafstörungen. «Nach einigen Stunden des Spielens stellte sich eine Art ‹Medien-Trance› ein: Ich bekam sehr viele Bildinformationen sehr schnell zugeschickt; ich veränderte den Raum recht schnell und dadurch kam für mich so eine Art Trance zustande. Ich merkte, wie die virtuelle Welt mehr und mehr zum Bestandteil meiner Wahrnehmung wurde und mehr an Wirklichkeit gewann – sie war nicht mehr dieses 3-D-Abbild auf dem Monitor vor mir…». Dieser Trance-Zustand hielt auch nach dem Abschalten des Computers an. Auch die Art und Weise der sozialen Kontakte veränderte sich mit der Zeit: Statt sich mit Freunden zu treffen zog Herr A. es vor, seine Bekannten in der Rollenspielwelt online zu besuchen.

Vernachlässigung beruflicher (schulischer) und privater Verpflichtungen

Zudem hatte das zeitaufwändige Computerspielen schon früh Konsequenzen für seine schulischen Leistungen, die sich dadurch verschlechterten. Streit mit den Eltern gab es jedoch nur oberflächlich, da die Eltern von Herrn A. im Grunde zufrieden waren, dass sich ihr Junge nicht herumtrieb und Dummheiten anstellte.

starke gedankliche Beschäftigung

Herr A. berichtet von einer ständigen gedanklichen Beschäftigung mit dem Computerspielen außerhalb der eigentlichen Spielsituation. Weiterhin beschreibt er, dass er, wenn er mal draußen auf der Straße war, manchmal das Gefühl hatte, hinter den Häuserecken lauert jemand auf ihn und «die Situation fühlte sich teilweise nach ‹drücke Taste 1 für die nächste Waffe› an…

Kontrollverlust Auch das Klicken eines Feuerzeugs hörte sich für mich wie das Waffenladen im Spiel an… Das waren kurze Momente, wo ich merkte: das [Realität und Virtualität] verschmiert!» Herr A. erinnert sich an vergebliche Versuche, das Computerspielen einzuschränken oder aufzugeben: «Mit dem Spielen aufzuhören war nicht einfach. Deswegen verkaufte ich den Computer. Aber Rückfälle gab es immer wieder…»

Nach Phasen der Abstinenz nutzt er den Rechner nun für kreative Tätigkeiten. Herr A. kreiert Multimedia-Inhalte. Das Computerspielen wurde zunehmend uninteressanter für ihn. Befriedigung zieht er nun aus seinem open-source-Projekt einer virtuellen Stadt, das eine nicht-kommerzielle Alternative zu den gewalttätigen Videospielen darstellt: «Ich halte auch computerfreie Zeiten ein, …aber andererseits gibt es auch die 14-Stunden Arbeit-Marathons am Rechner, bei denen ich mich mit Kaffee aufputsche… Das erinnert mich schon an mein altes süchtiges Verhalten…»

Bei Herrn A. lassen sich im Hinblick auf sein beschriebenes, vormaliges Spielverhalten die Merkmale finden, die den Kriterien eines Abhängigkeitssyndroms nach ICD-10 (Dilling et al., 2000) und DSM-IV-TR (Saß et al., 2003) entsprechen:

■ der starke fast zwanghafte Druck beziehungsweise das *Verlangen*, den Computer zu nutzen
■ mehrere Versuche, das Verhalten einzuschränken, misslangen *(Kontrollverlust)*
■ Herr A. beschreibt *Entzugserscheinungen*, wenn er keinen Computer nutzen konnte
■ die Nutzungsdauer wurde erheblich gesteigert *(Toleranzentwicklung)*
■ Herr A. *vernachlässigte berufliche (schulische) und soziale Verpflichtungen* und richtete den Alltag nach seinem Verlangen aus
■ das *Verhalten wurde trotz schädlicher Wirkung fortgesetzt.*

Nach den internationalen diagnostischen Kriterien für Abhängigkeit erfüllt Herr A. in Bezug auf sein Computernutzungsverhalten mehr als drei Kriterien. Somit wäre die Diagnose einer Computersucht gerechtfertigt. Zusätzlich wurden international gültige Kriterien für pathologisches (Glücks-)Spiel wie zum Beispiel die starke gedankliche Beschäftigung, die Funktion des Verhaltens als Bewältigungsstrategie sowie illegale Handlungen von dem Betroffenen erfüllt. Der Belohnungseffekt des Computerspielens im Zusammenspiel mit der zweckentfremdeten Funktion als Bewältigungsstrategie bei negativen Stimmungen oder Lebenskrisen führte zu einer Verhaltenssucht. Das gegenwärtig berichtete Computernutzungsverhalten führt zu der Annahme, dass die Computernutzung immer noch in hohem Maße belohnend für den Betroffenen ist, auch wenn sich das Nutzungsverhalten vom Computerspiel weg verlagert hat.

4.2 Merkmale der Computerspielsucht

Bislang wurde die Computerspielsucht vorwiegend unter dem allgemeineren Phänomen Computersucht subsummiert und im Zusammenhang mit der Internetsucht beschrieben.

Bei der Internetsucht stellte sich die Frage, wonach die Betroffenen süchtig sind. In der Forschungsliteratur werden wenigstens fünf spezifische Typen von Internetsucht genannt: Cybersex, Online-Bekanntschaften, Online-Glücksspiel oder exzessiver Online-Handel, exzessive Informationssuche und Online-Computerspiele (Young, 1999). Jedoch wurde auch vor einer falschen Auslegung der Formulierung dieser Typen gewarnt, da viele der dort beschriebenen exzessiven Internetnutzer nicht internetsüchtig seien, sondern das Internet exzessiv als Medium zur Befriedigung einer anderen Verhaltenssucht (Computerspielen, Sex, Glücksspiel, Kaufen etc.) nutzen. So wurde der Vorschlag gemacht, die einzelnen Typen und Auftretensformen der exzessiven Computer-/Internetnutzung unter dem Begriff der «technological addictions» zusammenzufassen (Griffiths, 1995; 2000).

Solche durch die Mensch-Maschine-Interaktion gekennzeichneten exzessiven Verhaltensweisen lassen sich weiterhin grob in passive (Fernsehsucht) und aktive (Computersucht) Verhaltensformen einteilen (Griffiths, 2000). Unter dem Begriff Computersucht können verschiedene Formen der Verhaltenssucht (wie exzessives Chatten, Internetsurfen, Computerspielen etc.) zusammengefasst werden. Es wird postuliert, dass alle süchtig ausgeführten Verhaltensweisen für die Betroffenen psychisch und auch physisch in hohem Maße belohnend sind, wobei eine bestimmte Hirnstruktur, das so genannte Belohnungssystem eine entscheidende Rolle spielt. Das Belohnungssystem zeigt uns an, was uns gefällt oder gut tut (vgl. Kapitel 4.4.2).

Während die Fernsehsucht gegenwärtig kaum Gegenstand wissenschaftlicher Betrachtungen ist und eher in den 1980er- und frühen 1990er-Jahren in Analogie zur derzeitigen Forschungsdebatte um die Computersucht diskutiert wurde (McIlwraith, 1998), steht die Computer- beziehungsweise die Internetsucht seit Mitte der 1990er-Jahre verstärkt im Mittelpunkt des Interesses bei verschiedenen Studien zur Mediennutzung (Fisher, 1994; Griffiths, 2000; Griffiths & Hunt, 1998; Phillips, Rolls, Rouse, & Griffiths, 1995; Young, 1998). So wird seit wenigstens 15 Jahren in der Wissenschaftsliteratur von exzessivem Computerspielen im Kindes- und Jugendalter berichtet. Die verfügbaren Studien sind, neben wenigen deutschen Studien, überwiegend aus dem internationalen Raum und erreichen uns sowohl aus dem fernen Osten (etwa Korea, VR China, Taiwan) als auch aus unserer westlichen Hemisphäre (z.B. Großbritannien). Das anhaltende Interesse an der Thematik schlägt sich vor allem in einer Flut von Presseartikeln nieder, wobei üblicherweise der Begriff der «Computerspielsucht» Verwendung findet. Die in den Pressebeiträgen stillschweigend vorausgesetzte Klarheit dieser Begrifflichkeit ist unter Experten und Wissenschaftlern aus verschiedenen Gründen bei weitem nicht einhellig akzeptiert. Jedoch weisen unter anderem auch die im Weiteren dargestellten eigenen Forschungsarbeiten zum Thema des exzessiven krankhaften Computerspielens auf eine gerechtfertigte Einordnung dieses Störungsbildes als Verhaltenssucht, das heißt als Sucht ohne Drogenkonsum beziehungsweise «nichtstoffgebundene Sucht» hin.

Ebenso wird in der Presse oftmals vernachlässigt, dass die Computerspielsucht keine offiziell anerkannte psychische Störung oder Krankheit ist.

Daher ist es in den wissenschaftlichen Studien zum Thema des exzessiven Computerspielens üblich, solch ein krankhaftes Computerspielverhalten mit den international gültigen Diagnosekriterien für Substanzabhängigkeit aus den oben erwähnten Diagnosemanualen zu beschreiben und über diese Kriterien das exzessive Computerspielen dann als eine Suchtstörung zu definieren. Nach Griffiths und Davies (2005) kann jede Verhaltensweise, welche die Hauptkriterien («core components») einer (Substanz-) Abhängigkeit erfüllt, als Verhaltenssucht definiert werden. Im **Kasten 4.2.1** auf Seite 32 sind diese Kriterien am Beispiel der Computerspielsucht dargestellt.

Häufig wird das exzessive Computerspielen bei Kindern auch von deren Eltern gefühlsmäßig («aus dem Bauch heraus») als ein Suchtverhalten bezeichnet – ohne dass sie sich mit den Diagnosemanualen und den darin enthaltenen Diagnosekriterien der Abhängigkeit näher beschäftigt haben. So scheint die Ähnlichkeit von Sucht und exzessivem Computerspielverhalten auch im Familienalltag offensichtlich zu sein (s. **Kästen 4.2.2** und **4.2.3** mit Fallbeispielen).

Die Gesprächsauszüge in den Kästen 4.2.2 und 4.2.3 weisen auf mehrere typische Merkmale computerspielsüchtigen Verhaltens hin. Von übergeordneter Bedeutung erscheint hier die Einengung des Verhaltens. Andere Interessen oder Aktivitäten werden zugunsten des Computerspielens ganz eingestellt und scheinen keinen Anreiz (mehr) zu bieten. Bezeichnend in beiden Fallbeispielen ist auch die beschriebene Vernachlässigung des Essens – es mag sicherlich auch Kinder mit generell geringem

---

Kasten 4.2.1: Merkmale und Kriterien der Computerspielsucht

- *Einengung des Verhaltensmusters:* Durch die herausragende Bedeutung wird das Computerspielen zur wichtigsten Aktivität des Betroffenen und dominiert sein Denken (andauernde gedankliche Beschäftigung, auch verzerrte Wahrnehmung und Gedanken in Bezug auf das Computerspielen), seine Gefühle (unstillbares und unwiderstehliches Verlangen) und sein Verhalten (Vernachlässigung sozial erwünschter Verhaltensweisen).
- *Regulation von negativen Gefühlszuständen (Affekten):* Durch die beim Computerspielen verspürte Erregung (Kick- oder Flow-Erlebnisse) oder Entspannung («Abtauchen») werden negative affektive Zustände im Sinne einer vermeidenden Stressbewältigungsstrategie verdrängt
- *Toleranzentwicklung:* Die gewünschte Wirkung durch das Computerspielen kann nur durch zunehmend häufigere oder längere Computerspielzeiten (möglicherweise auch durch immer extremere Spielinhalte) erzielt werden, bei gleichbleibenden Spielzeiten bleibt der gewünschte affektregulierende Nutzen vom Computerspielen aus
- *Entzugserscheinungen:* Bei verhindertem oder reduziertem Computerspielen treten diese in Form von Nervosität, Unruhe und/oder vegetativer Symptomatik (Zittern, Schwitzen etc.) auf
- *Kontrollverlust:* Das Computerspielverhalten kann in Bezug auf zeitliche Begrenzung und Umfang nicht mehr kontrolliert werden
- *Rückfall:* Nach Zeiten der Abstinenz oder Phasen kontrollierten Computerspielverhaltens kommt es beim Betroffenen zu einer Wiederaufnahme des unkontrollierten, exzessiven Computerspielen
- Durch eindeutig schädliche Konsequenzen für Beruf, soziale Kontakte und Hobbys aufgrund des exzessiven Computerspielens kommt es zu zwischenmenschlichen Konflikten zwischen Betroffenem und der sozialen Umwelt beziehungsweise innerpsychischen Problemen beim Betroffenen selbst.

Kasten 4.2.2: Fallbeispiel 1

Der Vater berichtet über seinen 12-jährigen Sohn: «Wenn der nach Hause kommt, also, der erste Gang ist zum Fernseher oder zur Playstation. Der trottet an mir vorbei und macht den Knopf an, wie im Traum und dann starrt er nur noch auf den Bildschirm und reagiert überhaupt nicht, wenn man ihn anspricht. Er kommt auch nicht zum Essen … es ist wie eine Sucht!»

Kasten 4.2.3: Fallbeispiel 2

Die Mutter eines 13-jährigen Jungen berichtet: «Sie können sich, glaube ich, gar nicht vorstellen, wie das ist! Der Junge spielt nur noch den ganzen Tag. Eigentlich müsste ich seine und meine Zimmertür nachts offen lassen, damit ich ihn höre, wenn er wieder aufsteht um weiterzuspielen. Er isst nicht mehr mit mir am Tisch, sondern nur alleine in seinem Zimmer. In seiner Schultasche liegen verschimmelte Brote und sein Zimmer sieht aus… Ich weiß auch nicht, ob er so seine Schule noch schafft, obwohl er ein kluger Junge ist. Er hat nichts anderes mehr als seinen Computer im Kopf! Wenn ich ihm den Computer wegnehmen will, …also ja, er hat mich auch schon mal angegriffen, aber ich prügele mich doch nicht mit meinem Jungen!»

Appetit geben, aber diese Darstellung der Eltern ist im klinischen Alltag auffällig häufig und weist im Bereich der Ernährung auf gesundheitsgefährdende Folgen des pathologischen Computerspielens hin, genauso wie auch der noch häufiger beschriebene Schlafmangel (vgl. Kap. 5). Die Verhaltenseinengung zeigt sich schließlich auch in einer Vernachlässigung der schulischen Verpflichtungen und damit zusammenhängend in nachlassenden Schulleistungen; die Aufrechterhaltung des Computerspielverhaltens trotz dieser negativen Folgen des «Suchtmittelkonsums» stellt im Übrigen auch ein weiteres wesentliches Diagnosekriterium dar. Weiterhin scheint ein Kontrollverlust über das Computerspielverhalten offenbar: die Kinder können die Dauer und Häufigkeit des Spielens nicht kontrollieren: «Einmal in die virtuelle Welt gesprungen, dann vergeht die Zeit wie im Flug. Dann spürt man die Realität nicht mehr» (Jugendlicher, 15 Jahre). Von klinisch-psychiatrischer Relevanz bekommt die Problematik noch eine besondere Bedeutung, wenn der Konflikt in gewalttätige Auseinandersetzungen mündet. Möglicherweise sind die aggressiven Durchbrüche unter dem Gesichtspunkt des drohenden Entzugs von Computerspielen und damit befürchteter Entzugssymptome (Unwohlsein, Nervosität, Unruhe) einzuordnen. Auch die Frage nach einer möglichen «Schwellenerniedrigung» zu Gewalttaten durch den Umgang mit gewalttätigen Computerspielen ist noch nicht vollständig geklärt.

4.3 Verbreitung und Häufigkeit der Computerspielsucht

In jüngerer Zeit wird das Phänomen der Computerspielsucht auch verstärkt in Deutschland aufgegriffen. Jedoch mangelt es hier derzeit mit wenigen Ausnahmen an Studien zur Verbreitung und Häufigkeit von Computerspielsucht. Ein im vergangenen Jahr entwickelter standardisierter deutscher «Fragebogen zum Computerspielverhalten bei Kindern» (CSVK, Thalemann, Grüsser, Albrecht, & Thalemann, 2004) wurde in einer ersten deutschen Studie bei Berliner Grundschülern der 6. Klasse eingesetzt (Grüsser, Thalemann, Albrecht, & Thalemann, 2005). Die Ergebnisse der Studie zeigten, dass etwas über 9 Prozent der Schüler formal Kriterien für ein exzessives Computerspielverhalten erfüllten und somit als «gefährdet» eingestuft wurden. Konzeptuell wichtig war dabei ein Kriterienkatalog, der nicht nur den zeitlichen Umfang des (täglichen) Computerspielens als Maß für ein pathologisches Computerspielverhalten berücksichtigt, sondern auch qualitative Aspekte, wie zum Beispiel eine zweckentfremdete Nutzung des Computerspielens mit einbezieht (s. **Kasten 4.3.1**). So wurden, um die qualitative Andersartigkeit des exzessiven Computerspielens der Schülerbefragung erfassen zu können, über den zeitlichen Umfang hinausgehende Kriterien formuliert. Insgesamt wurden sieben Merkmale in Anlehnung an international gültige Kriterien für pathologisches Glücksspiel und Abhängigkeit (die prinzipiell auch für Kinder und Jugendliche Gültigkeit besitzen) zur Diagnose eingesetzt. Die Hürde zur Zuordnung zur Gruppe der «exzessiven Computerspieler» war vergleichsweise hoch angesetzt: Alle sieben formulierten Kriterien mussten erfüllt sein. Der in der Studie gefundene Prozentsatz von über 9 Prozent von Kindern, die das Computerspiel exzessiv nutzen, erscheint sehr hoch, passt sich jedoch in die Ergebnisse vergleichbarer Studien der internationalen Forschung ein.

Kasten 4.3.1: Exzessives Computerspielen ist mehr als nur Zeitverschwendung

Im klinischen Alltag zeigt sich, dass viele Eltern, die eine fachliche Einschätzung der Schädlichkeit des Computerspielverhaltens ihrer Kinder wünschen, das zeitliche Ausmaß des Computerspielens als wesentliches Kriterium zur Bestimmung einer pathologischen Ausprägung vermuten. Individuell ganz unterschiedlich werden eine, zwei oder auch mehr Spielstunden pro Tag als problematisch erachtet.

In Kenntnis der ursprünglichen Bedeutung des von uns verwendeten Begriffes «exzessiv» (lateinisch: über das Maß hinaus, ausschweifend) bezeichnet man damit zunächst tatsächlich nur ein enorm zeitintensives Computerspielverhalten, doch wird mit dem Konzept der «exzessiven Verhaltensweisen» im Sinne einer Verhaltenssucht eine erweiterte Sichtweise vertreten: das wesentliche Merkmal der Verhaltenssucht besteht nicht – ebenso wie bei der Diagnose der Abhängigkeit von Alkohol und Drogen – in erster Linie in der «konsumierten Menge» (hier: Dauer oder Häufigkeit); vielmehr ist die *Funktion* der Computerspielnutzung von übergeordneter Bedeutung:

Das Verhalten wird nicht mehr aufgrund seines ursprünglichen Zweckes durchgeführt, sondern zweckentfremdet (es ist zum «Trostspender» bei psychischem Unwohlsein, Not und Langeweile geworden).

Als Beispiel mag folgende Entwicklung skizziert werden: Ein Kind macht erste Erfahrungen mit Computerspielen und erlebt das Spielen als lustvoll und belohnend, ganz im Sinne des Computerspielens als Unterhaltungsmedium. Mit der Zeit macht das Kind jedoch die Erfahrung, dass es sich auch vor allem nach belastenden Situationen durch das Computerspielen belohnen kann, das heißt einen angenehmen Gefühlszustand erzeugen kann (sei es durch ein «Kickerleben» oder die Verdrängung/das Vergessen unangenehmer Gefühle). So wird die belohnende Wirkung seines Computerspielverhaltens eventuell als besonders effektiv erlebt, wenn das Kind frustrierende Erlebnisse hatte, ärgerlich oder traurig ist. Die unangenehmen Gefühle werden erfolgreich verdrängt und zwar für die Dauer des Spielens. Aufgrund dieser Erfahrungen kann das Computerspielen zunehmend stärker und häufiger zur Bewältigung von Stress und negativen Gefühlen eingesetzt werden. Ist dies der Fall, dann wird das Computerspielverhalten zwar als effektiv empfunden, jedoch zweckentfremdet eingesetzt, weil es nicht mehr in erster Linie um Unterhaltung, sondern um die Verdrängung realer unangenehmer Emotionen geht. Im Laufe der Zeit rücken nun alle anderen, vormals Spaß bringenden beziehungsweise belohnenden Verhaltensweisen zu Gunsten des Computerspielverhaltens in den Hintergrund und werden regelrecht verlernt (s. a. zu den Mechanismen der Sucht Kap. 4.4.1).

Im englischsprachigen Raum wird das Phänomen des exzessiven Computerspielverhaltens schon seit einigen Jahren beschrieben. Insbesondere Arbeitsgruppen in Großbritannien haben sich mit der Diagnose und Verbreitung von Computerspielsucht befasst. So konnte Fisher (1994) in ihren Studien belegen, dass sich 6 Prozent der untersuchten Jugendlichen exzessiv in Videospielautomatenhallen betätigten. Auch Griffiths und Kollegen finden in ihrer Studie, dass 9 Prozent der Jugendlichen exzessiv (d.h. über 50 Stunden pro Woche) mit einem online-Rollenspiel beschäftigt sind (online Rollenspiele sind Computerspiele, bei denen mehrere tausend Spieler gleichzeitig gegen- und miteinander über das Internet spielen. Ziel ist weniger das Erreichen des letzten Levels oder das Besiegen eines Endgegners als die fortschreitende Veränderung und Verbesserung des eigenen virtuellen Ichs). Bei den untersuchten erwachsenen Spielern hingegen gaben «nur» 2,5 Prozent einen so hohen Zeitaufwand an. Weiterhin weisen die Autoren nach, dass die Betroffenen ein eingeengtes Verhaltensmuster zu Gunsten ihres Computerspielverhaltens zeigten sowie im Zusammenhang damit Nachteile in den Bereichen Ausbildung oder Arbeit in Kauf nahmen (Griffiths, Davies, & Chappell, 2004). Eine mehrere Jahre zurückliegende Studie identifizierte an einer Gesamtschule in Großbritannien sogar eine doppelt so hohe Anzahl (20 %) an computerspielsüchtigen Schülern (Griffiths & Hunt, 1998). In jüngerer Zeit werden besonders aus Südkorea, dem «El Dorado» der Internet-Computerspiele, extreme Einzelfälle berichtet (s. **Kasten 4.3.2**). Die mit wissenschaftlichen Methoden ermittelten Auftretenshäufigkeiten von exzessiver Computernutzung hingegen liegen in koreanischen Studien in vergleichbarer Höhe zu den in anderen aufgeführten Erhebungen ermittelten Auf-

---

Kasten 4.3.2: Südkorea – Computerspielen als Hochleistungssport

Während hierzulande die negativen Schlagzeilen im Zusammenhang mit Computerspielen überwiegen, ist laut Presseinformation in Südkorea das Computerspielen weltweit zum ersten Mal als Sportart anerkannt worden und die besten der Profi-Spieler werden von riesigen Fangemeinden bejubelt, vergleichbar mit der Prominenz aus der Film- oder Musikbranche. Um das hohe Niveau der Turniere halten zu können – es gibt in Südkorea zwei Fernsehkanäle, die ausschließlich Computerspiel-Wettkämpfe übertragen – üben die Spieler 10 bis 12 Stunden am Tag in speziellen Trainingscamps. Die strengen Bedingungen und der überaus harte Konkurrenzkampf werden jedoch sehr gut entlohnt: Bis zu 260 000 € verdienen Spitzenspieler im Jahr. Diese weltweit wohl einzigartige Spielkultur als Massenphänomen bedingt jedoch auch, dass viele tausend jugendliche und erwachsene Koreaner sich übermäßig dem Computerspielen widmen; so kam es auch im Jahr 2005 zu sieben Todesfällen aufgrund von Dauer-Computerspielen. Beispielhaft sei hier der Fall eines 28-jährigen Monteurs aufgeführt, der über sein Computerspielen vergessen hatte zu trinken und nach mehr als 80 Stunden non-Stop-Spielens aufgrund einer Dehydrierung (Austrocknung) an Herzversagen verstarb (Der Spiegel, 6/2006).

tretenshäufigkeiten: zwischen 3,5 Prozent (Whang, Lee, & Chang, 2003) und 6,1 Prozent (Befragung bei 1269 Studenten; Yang, 2001).

Insgesamt sind die dargestellten Auftretenshäufigkeiten des exzessiven Computer- und Videospielens jedoch mit Vorsicht zu bewerten. Angesichts der ungeklärten beziehungsweise uneinheitlichen Kriterien für die Diagnose «Computerspielsucht» – je nach Autor und Studie variiert zum Beispiel die Anzahl der zu erfüllenden Diagnosekriterien – ist es kaum möglich, allgemeingültige Aussagen zur Verbreitung dieses Störungsbildes zu treffen. Prinzipiell besteht Einigkeit über die Vorgehensweise, über Diagnosekriterien für Abhängigkeit (von Drogen) angepasste Kriterien die Diagnose «Computerspielsucht» zu stellen, doch können diese formalen Kriterien nur für eine erste Abschätzung der pathologischen (krankhaften) Ausprägungsform eines individuellen Computerspielverhaltens herangezogen werden; ohne persönliches Gespräch und Hintergrundwissen zur Lebenssituation des Betroffenen sowie Informationen darüber, welche Funktion das Computerspielen für den Betroffenen bekommen hat, sollte die Diagnose «Computerspielsucht» nicht gestellt werden.

Grohol (1999) äußert sich kritisch zum Konzept der Computer(spiel)sucht und diskutiert in diesem Zusammenhang die gesellschaftlichen Rahmenbedingungen, die zur Fokussierung auf die «dunklen» Seiten des Internets sowie anderer moderner Unterhaltungselektronik beitragen. Der Autor zieht historische Parallelen zu immer wieder auftretenden Gruppierungen von Fortschrittsfeinden und deren Bedeutung für die öffentliche Wahrnehmung von Bedrohung durch neue Technologien.

Nicht nur aus dem klinischen Alltag ist bekannt, dass sich Eltern um die einfache Zugänglichkeit zu den zahlreichen jugendgefährdenden Inhalten des Internets sorgen – insbesondere, da bei einem so rasch wachsenden weltweiten Netzwerk nationale Gesetzgebungen in Bezug auf Jugendschutzmaßnahmen kaum greifen können und das Internet somit als unkontrollierbar gilt. Weiterhin wird die öffentliche Wahrnehmung des Phänomens beziehungsweise Störungsbildes Computerspielsucht als Massenphänomen von zahlreichen Pressemitteilungen mitbestimmt.

Seinen Standpunkt vertretend schreibt Grohol die Definition von Krankheit, psychischen Störungen und Normalitat in der Hauptsache gesellschaftlichen Normen zu; als Beispiel führt er die Homosexualität an, die noch vor wenigen Jahrzehnten als psychiatrisch relevante Krankheit eingeordnet wurde. Für das Phänomen der Sucht ist ein solcher gesellschaftlich-kulturell bedingter «Zeitgeist» sicherlich nicht ausschlaggebend – seit jeher wurden abhängige Menschen zutreffend als krank erkannt und beschrieben. So galt bereits vor über 100 Jahren das exzessive krankhafte Glücksspielen gar als die «reinste» Form der Sucht (vgl. Kapitel 4.1, Kasten 4.1.1). Es ist daher davon auszugehen, dass sich die gegenwärtig verstärkt diskutierte süchtige Computerspielnutzung nicht auf eine gesellschaftlich verzerrte Bedrohungswahrnehmung in einer Zeit des technisch-sozialen Umbruchs zurückführen lässt. Vielmehr lassen sich auch unabhängig von gesellschaftlichen Wahrnehmungsphänomenen deutliche Hinweise für das Vorhandensein des Störungsbildes eines krankhaften selbstruinösen Computerspielverhaltens finden. Wichtig ist es hierbei jedoch, (jugend-) kulturelle Besonderheiten der Gegenwart für die Untersuchung des Einflusses von elektronischen Bildschirmspielen auf Kinder und Jugendliche zu berücksichtigen. Ohne die wirtschaftliche Entwicklung hätten kaum so viele Heranwachsende die Möglichkeit, Computertechnologie zu nutzen. Diese Rahmenbedingungen – die «Griffnähe» und Attraktivität des Computers – stellen zumindest die technische Voraussetzung für die Entwicklung eines krankhaften Computerspielverhaltens dar.

4.3.1 Sind nur Jungen von der Computerspielsucht betroffen?

Für den überwiegenden Teil der Jugendlichen ist die Nutzung von Computern zu einer Selbstverständlichkeit geworden: 95 Prozent der 12- bis 19-Jährigen sitzen mindestens einmal im Monat am Computer. Hinsichtlich der intensiven, das heißt täglichen oder mehrfach wöchentlichen Computernutzung zeigen sich jedoch Unterschiede zwischen männlichen (82 %) und weiblichen Jugendlichen (69 %) (Medienpädagogischer Forschungsverbund Südwest: JIM-Studie, 2005). Dieser Unterschied ist möglicherweise auch durch die unterschiedlich gute Ausstattung mit Computertechnologie bedingt: Während Jungen zu 65 Prozent den Besitz eines eigenen Computers angaben, verfügen lediglich 48 Prozent der Mädchen über einen solchen (JIM, 2005). In einer anderen deutschen Untersuchung bei 323 Schülern der 5. und 6. Klasse gaben rund 80 Prozent beider Geschlechter an, einen eigenen Computer zu besitzen (Grüsser, Thalemann et al., 2005). Die Häufigkeit der Computernutzung pro Woche erlaubt zunächst noch keinen Rückschluss auf die Nutzung des Computers für Spiele, doch auch bei der Überprüfung dieses Zusammenhangs zeigt sich ein deutlicher Geschlechtsunterschied: Insgesamt ist bei den Intensivnutzern das Spielen am Computer die zweithäufigste Aktivität am heimischen Computer (nach Musik hören), doch spielen hier im Gegensatz zu 61 Prozent der Jungen lediglich 15 Prozent der Mädchen am Computer (JIM, 2005).

Woran liegt es, dass nahezu alle Anfragen bei einer Computer-spiel-Beratungshotline männliche Jugendliche betreffen?

Nicht nur die im klinischen Alltag und im Rahmen eines telefonischen Beratungsangebotes (Beratungshotline) gesammelten Erfahrungen, sondern auch wissenschaftliche Untersuchungen zeigen einen deutlich höheren Anteil von exzessiv computerspielenden Jungen im Vergleich zu exzessiv computerspielenden Mädchen. Die Ursachen hierfür sind bislang nicht eindeutig geklärt.

Verschiedentlich findet sich die These, dass Computerspiele thematisch eher hinsichtlich männlicher Interessen orientiert sind, sie quasi «von Männern für Männer» gemacht sind: zu solchen strukturellen Charakteristika zählen zum Beispiel ein hoher Realitätsgrad der Darstellung und aggressive Inhalte (Griffiths, 1991; Norris, 2004). Obgleich die Annahme sicherlich nicht vollständig von der Hand zu weisen ist, existieren mittlerweile eine ganze Reihe von gutverkauften Spielen, deren Rahmenhandlung nicht unbedingt traditionell maskulin gefärbt ist (z. B. Die Sims, Rätselspiele, Adventure-Spiele etc.).

Abgesehen davon bietet eine Betrachtung von Computerspielen hinsichtlich ihrer inhaltlichen Thematik auch nur sehr wenig Aufschluss darüber, warum männliche Jugendliche für die Entwicklung eines exzessiven krankhaften Computerspielverhaltens sehr viel (signifikant) stärker empfänglich sind; so geben auch 15 Prozent der Mädchen an, Computerspiele «interessant» oder «sehr interessant» zu finden (JIM, 2005). Es stellt sich hier zusätzlich die Frage, warum dennoch einige Mädchen – entgegen der statistischen Wahrscheinlichkeit – exzessiv am Computer spielen. Welche Faktoren beeinflussen die Entwicklung eines pathologischen Computerspielens?

Bevor in Kapitel 4.5 näher auf die Begleiterscheinungen der exzessiven Computernutzung eingegangen wird, wird im folgenden Kapitel 4.4 der Frage nach gegangen, wie eine Computerspielsucht entsteht.

4.4 Wie entsteht eine Computerspielsucht?

4.4.1 Psychologische Aspekte

Abhängigkeit ist ein über einen längeren Zeitraum hinweg stabiles Phänomen. Abgesehen von den sozioökologischen, soziostrukturellen, soziopolitischen und anthropologischen sowie genetischen Faktoren muss den psychologischen und neurobiologischen Faktoren bei der Entstehung und Aufrechterhaltung von abhängigem

Verhalten eine große Bedeutung zugemessen werden. So ist auch für die wissenschaftliche und klinische Betrachtung des Phänomens der exzessiven, krankhaften Computernutzung nicht nur die Diagnose sondern auch die Untersuchung der auslösenden und aufrechterhaltenden Mechanismen einer Computer(spiel)sucht von zentraler Bedeutung. Die Ursachen für die Entstehung einer Computerspielsucht können nicht an einem einzigen isolierten Faktor festgemacht werden. Verschiedene Aspekte spielen dabei eine wesentliche Rolle: zum einen wie wir fühlen, zum anderen wie wir denken, was wir erwarten und welche Prozesse dabei in unserem Köper ablaufen.

Ein psychologische (lerntheoretische) und neurobiologische Befunde integrierender Ansatz, in dem die Erinnerung an die positive Suchtmittelwirkung als zentraler Motivator (Antrieb) für das süchtige Verhalten fungiert, wurde entwickelt, um die mit der Suchtentstehung zusammenhängenden Mechanismen genauer zu erklären. In Anlehnung an diesen integrativen (mehrere Modelle verbindenden) Erklärungsansatz für Substanzabhängigkeit werden Lernprozesse (wie z. B. die klassische und operante Konditionierung, vgl. Kapitel 4.4.3) sowie neurobiologische Veränderungen auch für die Entstehung und Aufrechterhaltung von exzessiven belohnenden Verhaltensweisen – beziehungsweise den verschiedenen Formen so genannter Verhaltenssucht, zu der auch die Computerspielsucht gehört – als ursächlich angesehen (vgl. Kapitel 4.4.2).

Durch derartige Lernprozesse werden diese Verhaltensmuster beibehalten – sogar im Sinne einer so genannten Toleranzentwicklung (das Verhalten muss intensiver durchgeführt werden, um den erwünschten Effekt zu erzielen) noch intensiviert – und führen so auch bei der krankhaften exzessiven Computer- und Internetnutzung zu den massiven Problemen, die ein süchtiges Verhalten mit sich bringt: im Extremfall zum Verlust beruflicher und sozialer Kontakte beziehungsweise zu einer völligen Vernachlässigung dieser (Hahn & Jerusalem, 2001). Auch werden Entzugserscheinungen in Form von Unruhe, Nervosität und Verstimmungen bei verhinderter Computernutzung beschrieben. Exzessive Computernutzer berichten weiterhin von wachsender Spannung und Erregung, bevor sie den Computer einschalten. Diesem starken Verlangen kann nicht – oder nur unter größter Anstrengung – widerstanden werden (Griffiths, 1995, 2000; Shapira et al., 2000).

Wie bei einer Substanzabhängigkeit wird auch die exzessive Computernutzung mit Entspannung und dem Entfliehen aus der (häufig problembelasteten) Realität assoziiert, aber auch mit Vertrautheit und Spaß sowie Glücksgefühlen, Macht und Erregung (Brian & Wiemer-Hastings, 2005; Petry, 2003). Bei der exzessiven Computernutzung wird das Verhalten nicht mehr aufgrund seines ursprünglichen Zweckes (Unterhaltung, Lernen, Informations-suche etc.) sondern zweckentfremdet vom Betroffenen eingesetzt.

So kann zum Beispiel Einsamkeit als Stressor fungieren, der vom Individuum kompensiert werden muss. Dabei kann – analog zum Konsum von Substanzen wie Drogen und Alkohol – eine belohnende Verhaltensweise (Internetnutzung, Computerspielen, pathologisches Glücksspiel) im Sinne einer inadäquaten (dysfunk-tionalen) Stressbewältigung exzessiv ausgeführt werden, um den zum Beispiel durch Einsamkeit ausgelösten negativen Effekt zu unterdrücken beziehungsweise zu verdrängen In der Folge wird das belohnende Verhalten verstärkt (der negative emotionale Zustand wurde erfolgreich durch «Vermeidung» reguliert) und die Wahrscheinlichkeit einer Wiederholung des Verhaltens erhöht. Dieses als belohnend wirkende erlernte (konditionierte) Verhalten kann dann mangels alternativer Bewältigungsstile als das noch einzig wirkungsvolle «Belohnungsmittel» zu einem süchtigen Ver-halten werden, was sich in den Gedanken und in den Handlungen der betroffenen Person widerspiegelt (s. **Abb. 4.4.1.1**). So konnten Engelberg und Sjöberg (2004) bei exzessiv internetnutzenden Studenten sehr viel höhere Werte bezüglich der erlebten Einsam-keit zeigen. Weiterhin fanden die Autoren bei ihrer Stichprobe sehr viel geringer ausgeprägte emotionale und soziale Kompetenzen.

4.4.2 Wenn die Biochemie der Gefühle aus dem Gleichgewicht gerät: ein homöostatisches Modell als Erklärungsansatz der Computerspielsucht

Im Folgenden wird ein die Erkenntnisse aus der Forschung inte-grierendes homöostatisches Modell beschrieben und die Entwick-lung einer Computerspielsucht anhand eines Fallbeispieles vorge-stellt.

Der Mensch strebt nach Ausgleich und Wohlbefinden und der Köper nach einem biochemischen Gleichgewicht. Unser Körper ist so angelegt, dass bei erregenden (Stress-)Situationen körperliche Prozesse zur Ergreifung lebenserhaltender Maßnahmen (Angriff und Verteidigung, Sexualität, Brutpflege und Nahrungsbeschaf-fung) aktiviert und körperliche Reserven bereitgestellt werden. Dieses sind vorübergehende Aktivierungen, die nach Abschluss der jeweiligen Handlung wieder abklingen und denen eine Erholungs-phase folgt. So strebt der Körper abseits solcher arterhaltenden Aktivitäten ein Gleichgewicht an (Homöostase), da eine dauerhaf-te Erregung sich schädlich auf ihn auswirkt. Im Alltag wird dann bei anhaltendem Dauerstress von verschiedenen körperlichen Beschwerden (bis hin zum Herzinfarkt) berichtet.

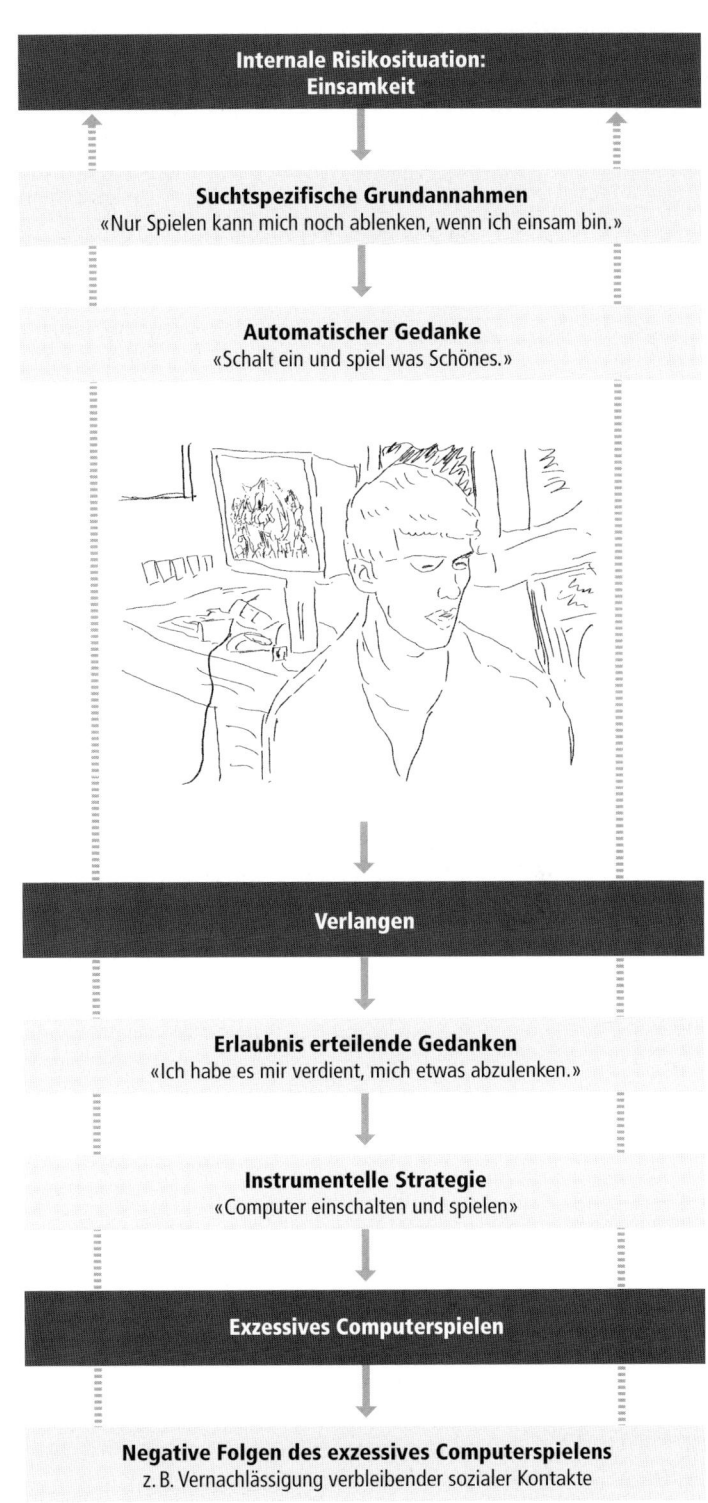

**Internale Risikosituation:
Einsamkeit**

Suchtspezifische Grundannahmen
«Nur Spielen kann mich noch ablenken, wenn ich einsam bin.»

Automatischer Gedanke
«Schalt ein und spiel was Schönes.»

Verlangen

Erlaubnis erteilende Gedanken
«Ich habe es mir verdient, mich etwas abzulenken.»

Instrumentelle Strategie
«Computer einschalten und spielen»

Exzessives Computerspielen

Negative Folgen des exzessives Computerspielens
z. B. Vernachlässigung verbleibender sozialer Kontakte

Abbildung 4.4.1.1:
Modell der sucht-
spezifischen Grund-
annahmen am
Beispiel einer
Computerspielsucht
(nach Beck, Wright,
Newman & Liese,
1993/1997)

Jedes Verhalten, das uns in dieses biochemische Gleichgewicht bringt, wirkt belohnend. Dabei unterscheidet unser Gehirn nicht, auf welche Weise dieses Gleichgewicht hergestellt wurde. Wenn also Drogen eingenommen werden, um unangenehme Gefühle (Stressoren) effektiv zu unterdrücken, dann wird diese stressreduzierende Drogenwirkung als belohnend empfunden. So wird, wenn ein (stark) belohnendes Verhalten ausgeführt und als positiv empfunden wird (sei es durch die Beseitigung unangenehmer Gefühlszustände oder die Herstellung eines positiven «Kick»-Gefühls), das Belohnungssystem im Gehirn aktiviert. Insbesondere in (negativen, aber auch positiven) Stresssituationen, wenn die «Biochemie der Gefühle» aus dem Gleichgewicht geraten ist, wird gerne zu entspannungsfördernden, also belohnenden Verhaltenweisen/Mitteln gegriffen. Hierbei kann eine sich potenzierende Wirkung des Belohnungseffektes angenommen werden, da davon ausgegangen wird, dass in emotional erregenden Situationen besonders gut gelernt wird. So wird schnell eine Verknüpfung zwischen der Stresssituation und dem (kurzfristigen) wohltuendem Effekt des Suchtverhaltens (beim Computerspielen z. B. Gefühle verdrängen durch «Abtauchen») hergestellt.

Bei dem Homöostasemodell der (Verhaltens-)Sucht wird also nun davon ausgegangen, dass bei einer (Sollwert-)Abweichung im körpereigenen biochemischen Gleichgewicht durch einen positiven oder negativen Stressor vom Individuum in der Regel Verhaltensstrategien eingesetzt werden, um das Gleichgewicht (Homöostase) wieder herzustellen (Grüsser & Thalemann, 2006). Bei einer chronischen Abweichung des Erregungsniveaus oder der Stimmung in den Minusbereich und auch in den positiven Bereich – wie es zum Beispiel bei einer psychischen Störung oder bei einer dauerhaft gestressten Person der Fall ist – können dann therapeutisch Psychopharmaka und wirkungsvolle Stressverarbeitungsstrategien für die Wiederherstellung oder Stabilisierung des biochemischen Gleichgewichts eingesetzt werden. Bei einer süchtigen Person dient das süchtige Verhalten (z. B. das Computerspielen) als die entsprechende effektive Maßnahme, um das köpereigene biochemische Gleichgewicht wieder herzustellen. Dieses trifft für negative stressige (z. B. traurige Stimmung, Zeitdruck, Ärger), aber auch für positive stressige Situationen (freudige Erregung, bestandene Prüfung, Feier) zu. Ist der Körper dem süchtigem Verhalten gegenüber tolerant geworden (eine Gegenregulation hat stattgefunden) und weist nun ein durch das süchtige Verhalten induziertes verändertes biochemisches Gleichgewicht auf, muss die betroffene Person das süchtige Verhalten exzessiver ausüben (z. B. gesteigertes Computerspielen), um das Gleichgewicht wieder herzustellen und den nun auch stärkeren Entzugserscheinungen beim Beenden des süchtigen Verhaltens auszuweichen.

Fallbeispiel Computerspielsucht

Im Folgenden wird die Entwicklung einer Computerspielsucht am Beispiel eines 14-jährigen Jungen, Andi (Name geändert), beschrieben, der aufgrund seiner exzessiven Computernutzung auffällig geworden ist.

Modelllernen
Als Andi 10 Jahre alt war, bekam sein vier Jahre älterer Bruder von den Eltern seinen ersten Computer geschenkt. So verbrachten die beiden Brüder des öfteren gemeinsam Zeit vor dem Computer. Meistens saß Andi dann neben seinem Bruder und schaute ihm dabei zu, wenn er Texte auf dem Computer schrieb, «chattete» oder Computerspiele spielte. Wenn die Freunde seines Bruders da waren und alle zusammen vor dem Computer saßen und mit Spannung ein Computerspiel spielten, die Unterhaltungen dann vor allem auch um die verschiedenen Spielabläufe, die Erfolge beim Spielen und die neusten Spiele gingen, musste sich Andi meistens im Hintergrund halten (sie bewohnten gemeinsam ein Zimmer). So hörte er dann, da ihn sonst auch keiner beachtete, mit «großen Ohren» zu. Die «Großen» wollten ihn nicht dabei haben. Das Computerspielen war in dem Moment etwas «Besonderes» und «Wichtiges» und ein kleinerer Bruder störte dabei nur. So durfte Andi vor allem nur dann selber den Computer nutzen, wenn sein Bruder nicht zu Hause war. Bald aber schon konnte Andi immer häufiger an den Computer, da sein Bruder nun länger in der Schule war und an drei Tagen in der Woche am Nachmittag entweder zum Sport oder zu Freunden ging. So nutzte Andi diese Zeit jedes mal hauptsächlich zum Spielen aus. An manchen Wochenenden, als sein Bruder zum Beispiel auf Klassenfahrt oder im Trainingslager war, spielte er bis zu 12 Stunden, teilweise auch stundenlang ohne Unterbrechung. Das Spielen machte ihm sehr viel Spaß. Aktivitäten, wie sie seinem Bruder Spaß machten, wie zum Beispiel Freunde zu treffen oder zum Sport zu gehen, interessierten ihn nicht. Dass er fast keine Freunde hatte, störte ihn ebenfalls nicht. Im Gegenteil, so musste er «sich nicht ständig mit den anderen messen». Beim Computerspielen war er «Jemand und

Vermeidungsverhalten
konnte selber bestimmen…» Als sein Bruder mit der Lehre anfing und von da an nur noch selten Nachmittags zu Hause war, spielte Andi dann nach der Schule regelmäßig am Computer. Seinen Eltern erzählte er, dass er den Computer für seine Hausaufgaben benötige. Der Junge erinnert sich: «Wenn ich aus der Schule gekommen bin, dann hatte ich das Zimmer und den Computer für mich alleine. Nur das war wichtig! Früher wollte ich immer wissen, was zu Essen da war, das war dann aber gar nicht mehr wichtig…».

Je mehr Zeit Andi vor dem Computer verbrachte um so weniger konnte er sich vorstellen, auf seine virtuellen Welten, in denen

Zweckentfremdete Funktion

er «Geschichten erleben» konnte, zu verzichten. Besonders, wenn er wieder Ärger wegen seiner schlechten Schulleistungen bekam, oder in der Schule zum Beispiel wegen seiner schlechten sportlichen Leistungen gehänselt wurde, freute er sich, wenn er endlich in seinem Zimmer – sein Bruder zog aus, als Andi 14 Jahre alt wurde – an seinem Computer «verschwinden» konnte. Andi spürte eine Art Geborgenheit, wenn er vor dem Computer saß. Noch extremer wurde sein Verhalten «…als die anderen Jungen ständig von Mädchen sprachen… Ich konnte damit nichts anfangen, ich hätte auch gar nicht gewusst, wie ich es hätte anfangen sollen … mit dem Computer geht das viel einfacher…». Nachdem Andis Versetzung gefährdet war und er kaum noch mit jemanden redete und auch kaum noch regelmäßig Mahlzeiten zu sich nahm, fanden sich seine Eltern mit ihm – auch auf Anraten der Lehrer hin – trotz seiner heftigen Wiederstände in einer psychotherapeutischen Sprechstunde ein.

An dem Beispiel von Andi zeigt sich, wie im Laufe einer Computerspielsuchtentwicklung das Computerspiel immer mehr die Funktion einer inadäquaten Stressverarbeitungsstrategie bekommt. Das Computerspiel wird zum Freund und Tröster und mit der Zeit werden alle anderen Aktivitäten vernachlässigt beziehungsweise gar nicht erst in Angriff genommen. So werden wichtige Fertigkeiten nicht gelernt oder verlernt und Ängste aufgebaut, die wiederum das tröstende Allheilmittel Computerspiel noch attraktiver machen.

4.4.3 Exkurs: Süchtiges Verhalten – ein erlerntes Verhalten

Im folgenden Exkurs wird anhand von Forschungsliteratur der gegenwärtige Diskussionstand zu den süchtigem Verhalten zugrundeliegenden Mechanismen kurz umrissen. Aufgrund des aktuellen Diskussions- und Forschungsstandes (für einen Überblick s. Grüsser & Thalemann, 2006) wird dabei davon ausgegangen, dass die Ausübung von süchtigem Verhalten – auch nicht stoffgebundenem – erlernt ist und somit Lernprozesse entscheidend sowohl zur Entstehung wie Aufrechterhaltung beitragen (Everitt, Dickinson & Robbins, 2001; O'Brien, Childress, McLellan & Ehrman, 1992). Eine besondere Rolle kommt dabei, neben dem Lernen am Modell (d.h. die Eltern haben zum Beispiel ebenfalls Suchtmittel konsumiert) den erlernten (klassisch und operant konditionierten) positiven Suchtmittelerwartungen zu (Robinson & Berridge, 2003). Das Modell der klassischen Konditionierung hat maßgeblich dazu beigetragen, die Entstehung des Suchtverhaltens, aber auch die Mechanismen des Rückfalls zu erklären. So können zuvor neutrale Reize, zum Beispiel externale Stimuli wie der Anblick eines Computers oder einer Bierflasche oder internale Reize wie bestimmte Gefühlszustände und Stresssituationen, mit dem Suchtverhalten und/oder der Suchtmittelwirkung assoziiert werden. Bei mehrfacher Verknüpfung der Reize mit dem Suchtverhalten können diese vormals neutralen Reize dann als erlernte (konditionierte) suchtmittelassoziierte Reize einen motivationalen Zustand als erlernte (konditionierte) Reaktion auslösen, der zu Suchtmittelverlangen und zum erneuten Suchtverhalten (Alkoholeinnahme, Computernutzung) führt. Zum leichteren Verständnis soll hier das Beispiel eines Rauchers angeführt werden. Zuvor neutrale, nicht mit dem Rauchen assoziierte Reize, wie zum Beispiel der Anblick eines Feuerzeuges, eine Tasse Kaffee oder das Wort Pause werden nach mehrfacher Kopplung mit dem Zigarettenkonsum zu zigarettenassoziierten Reizen und ihr Anblick oder ihre Anwesenheit lösen eine Reaktion im Körper aus, die sich im Verlangen nach der Zigarette beziehungsweise in der Handlung, eine Zigarette zu rauchen, äußert. Dabei muss das Verlangen nicht immer bewusst wahrgenommen werden. In bestimmten Situationen (z. B. bei gefülltem Magen nach dem Essen oder beim Trinken einer Tasse Kaffee) wird zur Zigarette gegriffen, ohne dass vorher das Verlangen bewusst wahrgenommen wurde. So wird ein Zusammenhang zwischen den erlernten Stimuli (bei der Computerspielsucht z. B. der Anblick des PC-Spieles) und einer erhöhten Rückfallgefährdung in das alte Suchtverhalten gesehen. Ein weiterer Lernprozess, die operante Konditionierung, dient ebenfalls zur Erklärung der Suchtentstehung. Nachdem das süchtige Verhalten ausgeführt wurde, wirkt der angenehme Suchtmitteleffekt (z. B. Euphorie) belohnend, also (positiv) verstärkend, auf das Verhalten. Wenn nun durch das Suchtverhalten Entzugserscheinungen oder Anspannungszustände, also unangenehme Situationen, vermieden oder beseitigt werden, wirkt dieses ebenfalls (lernpsychologisch gesehen nun negativ) verstärkend. Diese Verstärkungsvorgänge tragen dazu bei, dass Verhaltensequenzen, das heißt in diesem Fall das Suchtmitteleinnahmeverhalten, wiederholt werden.

Wie bei der Substanzabhängigkeit wird auch bei der Entstehung und Aufrechterhaltung der verschiedenen Formen von Verhaltenssucht dem verhaltensverstärkenden Belohnungssystem eine zentrale Rolle zugeschrieben. Innerhalb dieses Belohnungssystems findet sich ein hochkomplexes Zusammenspiel bestimmter Botenstoffe (Neurotransmitter wie Dopamin, Serotonin sowie verhaltensmodulierender Neuropeptide und für molekulares Lernen im Gehirn wichtiger Botenstoffe aus dem glutamatergen System) statt (Böning, 1999; Everitt et al., 2001). In einem aktuellen, psychologische und neurobiologische Modelle integrierenden Erklärungsansatz wird postuliert, dass durch eine Übererregbarkeit (Sensitivierung) des (zentralen dopaminergen) verhaltensverstärkenden Systems eine erlernte (konditionierte) Aufmerksamkeitszuwendung gegenüber den suchtmittelassoziierten Reizen ausgelöst wird. Dieser Vorgang zeigt sich dann in einer erhöhten Aufmerksamkeit für und im bevorzugten Aufsuchen von suchtmittelassoziierte(n) Reize und des Suchtmittels selbst und stellt eine eigenständige Komponente der Motivation und Verstärkung dar (Robinson & Berridge, 2003). Die Verankerung der Reizpräsentation (im mesolimbischen Dopaminsystem) führt unter anderem zur Bildung eines so genannten impliziten Gedächtnisses, das der bewussten Verarbeitung nicht zugänglich ist.

Die erlernte (konditionierte) Aufmerksamkeitszuwendung könnte das neurobiologische Korrelat des Drogengedächtnisses sein und dazu führen, dass auch nach jahrelanger Abstinenz eine einmalige Suchtmittelexposition beziehungsweise suchtmittelassoziierte Stimuli zum überwältigenden Verlangen führen, das süchtige Verhalten durchzuführen. Von besonderem Interesse ist, dass diese Übererregbarkeit offenbar stressabhängig verstärkt wird.

4.5 Begleiterscheinungen der Computerspielsucht

Häufig begegnet uns die Frage aus Fachkreisen: Exzessives Computerspielen? Ist das nicht nur ein Symptom einer anderen psychischen Störung?

So beschäftigen sich auch verschiedene Studien mit dem Auftreten psychiatrischer Diagnosen im Zusammenhang mit exzessiver Computernutzung und zeigen, dass bei einem Großteil der computersüchtigen Personen (Computerspielsucht, Internetsucht) gehäuft andere psychische Störungen diagnostiziert wurden. Das gemeinsame Auftreten mehrerer Erkrankungen oder Störungen nennt man Komorbidität. Dieses Phänomen wird auch bei anderen Suchterkrankungen gefunden. Einige der am häufigsten beschriebenen psychischen Störungen werden unten zum besseren Verständnis kurz erläutert (s. Kästen 4.5.1ff ab Seite 49).

McKenna und Bargh (2000) konnten zeigen, dass Menschen umso wahrscheinlicher online-Bekanntschaften knüpfen, je sozial ängstlicher und einsamer sie sich fühlen. Black, Geeta und Schlosser (1999) rekrutierten über Zeitungsannoncen 21 exzessiv computernutzende Personen und stellten bei den Betroffenen psychische Komorbiditäten in Form von Drogenkonsum (38 %), Affektstörungen (z. B. Depressionen, 33 %) und Ängstlichkeit (19 %) sowie psychotischen Störungen (z. B. Wahnvorstellungen,

14 %) fest. Über die Hälfte der Versuchspersonen (52 %) erfüllte die Kriterien einer Persönlichkeitsstörung (Beschreibung siehe Kasten 4.5.4), am häufigsten darunter die der Borderline-Persönlichkeitsstörung (24 %). Keine der teilnehmenden Personen hatte zum Untersuchungszeitpunkt psychiatrische Hilfe in Anspruch genommen. Die Autoren vermuten jedoch aufgrund der beträchtlichen Auftretenshäufigkeit psychiatrischer Störungen in der Stichprobe einen Verzerrungseffekt, der infolge der hohen Attraktivität ihrer Zeitungsanzeigen für Menschen mit Störungen der Emotionen und des Sozialverhaltens entsteht. So zeigt sich zum Beispiel im klinischen Alltag, dass erwachsene Patienten mit exzessiven Verhaltensweisen darum kämpfen, dass ihnen die Hauptdiagnose Verhaltenssucht anstelle der Diagnose einer Persönlichkeitsstörung gestellt wird. In diesem Zusammenhang mag es auch wichtig erscheinen, dass gerade bei juristischen Konflikten oftmals zur Beeinflussung des Strafmaßes versucht wird, die Diagnose einer Verhaltenssucht zu erhalten; teilweise mit kurios anmutenden Anfragen zum Beispiel bezüglich des süchtigen «speedings» bei Autofahrern, dem «pathologischen Rasen».

Shapira und Kollegen (2000) stellten bei 20 Internetsüchtigen eine gering ausgeprägte Impulskontrolle (impulsive, unüberlegte Verhaltensweisen) fest. Zudem wurde bei allen Patienten im Laufe des Lebens wenigstens eine psychisch relevante Störung diagnostiziert: überwiegend traten Störungen des Affektes (der Gefühlslage, 85 %) und Angststörungen (70 %) auf. Bei 55 Prozent der Stichprobe wurden Störungen im Zusammenhang mit psychotropen Substanzen (Drogen) diagnostiziert. In der Studie von Yang (2001) wurden bei exzessiv computernutzenden Schülern und Studenten klinisch bedeutsame Symptome wie Zwanghaftigkeit (13 %), Unsicherheiten im Sozialkontakt (11,6 %), Somatisierung (9,4 %), Ängstlichkeit (8,7 %) sowie Feindseligkeit (ebenfalls 8,7 %) erfasst. Lo, Whang und Fang (2005) stellten fest, dass soziale Ängstlichkeit und eine geringere Qualität sozialer Kontakte mit dem Spielen von online-Computerspielen zusammenhängen: Je länger die Befragten durchschnittlich spielten, desto größer waren die Unterschiede zur Kontrollgruppe beziehungsweise zu Wenigspielern.

Ko und Kollegen fanden in einer Studie bei taiwanesischen Schülern, dass ein geringer Selbstwert und eine geringere Lebenszufriedenheit bei männlichen Heranwachsenden Risikofaktoren für die Entwicklung eines computerspielsüchtigen Verhaltens darstellen; das seltener auftretende krankhafte Computerspielverhalten bei Mädchen konnte dagegen nicht in gleicher Weise erklärt werden (Ko, Yen, Chen, Chen, & Yen, 2005).

In einer neueren Falldarstellung beschreiben Te Wildt und Kollegen eine 28-jährige Frau, die anlässlich einer Räumungsklage wegen fehlender Mietzahlungen und körperlicher Verwahrlosung von ihren Eltern in der psychiatrischen Klinik vorgestellt wurde (Te Wildt, Kowalewski, Meibeyer, & Huber, 2006). Während zunächst eine pflegerische oder sozialdienstliche Betreuung angestrebt wurde, stellte sich im weiteren Verlauf der Behandlung heraus, dass sich die Frau – nach einer erlittenen Fehlgeburt und von ihrem Ehemann verlassen – seit drei Jahren bis zu 12 Stunden täglich (!) einer online-Wirtschaftssimulation des mittelalterlichen Hollands widmete. Als virtuelle Spielfiguren (Avatare) wählte sie dabei hauptsächlich Männer, die sich durch Stärke, Erfolg und Führungsqualitäten auszeichneten und in deren Gestalt sie Dinge tun konnte, die ihr in der Realität nicht möglich waren. Mit der Zeit verschwammen die Grenzen zwischen Virtualität und Alltag, so dass die Patientin «ihr Empfinden für Identität, Zeitgefühl und Tagesrhythmus verlor». Damit einhergehend traten Abspaltungsvorgänge («dissoziative Phänomene») auf, die im Folgenden näher erläutert werden sollen:

- **Derealisation:** Es besteht ein Gefühl des gestörten Umwelterlebens; Objekte, Menschen oder die gesamte Umgebung werden als fremd, unvertraut, unwirklich, roboterhaft, fern, künstlich, zu klein oder zu groß, farblos oder leblos erlebt.
- **Depersonalisation:** Die Betroffenen machen die angstvolle Erfahrung einer Veränderung ihrer geistigen Aktivität, ihrer Gefühle oder ihres Körpers. Es besteht das Gefühl des «Losgelöstseins», der Entfremdung zum eigenen Selbst und des «Daneben-Stehens». Es herrscht der Eindruck vor, «nicht ganz da zu sein» und nicht mehr das eigene Denken, die eigenen Vorstellungen oder Erinnerungen zu erleben. Die betroffene Person empfindet sich so, als wäre sie ein außenstehender Beobachter der eigenen geistigen Prozesse, des eigenen Körpers oder einzelner Körperteile.

Als die Patientin schließlich ihre Hauptspielfigur virtuellen Selbstmord begehen ließ und in eine depressive Episode mit Suizidgedanken verfiel, handelten ihre Eltern und leiteten den stationären Aufenthalt in die Wege. Auf Basis therapeutischer Gespräche und psychologischer Untersuchungen zur Feststellung der oben genannten Abspaltungsphänomene wurde die Diagnose einer dissoziativen Identitätsstörung gestellt. Die stationäre psychotherapeutische Behandlung führte zu einer Persönlichkeitsstabilisierung der Patientin, die nach dem Klinikaufenthalt wieder eine Arbeit aufnahm und ihre Computer-online-Aktivitäten reduzierte.

Anzumerken ist hierbei die wichtige Schlussfolgerung der Autoren, dass ein Computerspiel allein nicht als Ursache einer derart komplexen psychischen Störung, möglicherweise aber als Auslöser der sichtbar werdenden Krankheitssymptome zu betrachten ist.

Kasten 4.5.1: Depression und Angst – zwei im Zusammenhang mit exzessiver Computernutzung häufig auftretende psychische Störungen

Merkmale einer Depression (für vertiefende Informationen und einen Überblick zu den depressiven Störungen siehe Kerns, Hilfen für depressive Kinder, Verlag Hans Huber 1997)

- überwiegend gedrückte Stimmung, Verlust von Freude und Interesse und erhöhte Ermüdbarkeit
- Merkmale (Symptome) können jedoch vielfältig sein und von einer körperlichen Unruhe bis hin zu einer völligen Untätigkeit und Teilnahmslosigkeit reichen
- sind zum Teil altersabhängig und wenig situationsgebunden
- körperliche Symptome (Bauchschmerzen, Kopfschmerzen) können zusätzlich vorhanden sein.

Merkmale der kindlichen Depression (nach Harrington, 2001)

Die Existenz depressiver Störungen im Kindesalter war lange Zeit umstritten. Heute kann als gesichert gelten, dass auch Kinder depressiv erkranken können! Bei einem Kind kann eine Depression jedoch leicht «übersehen» werden, da es zwar sozial zurückgezogen, aber dennoch brav, unauffällig und still erscheint (und niemanden mit seinem Verhalten stört).

- Erscheinungsbild depressiver Störungen im Kindesalter ist sehr vielgestaltig und unterliegt einer Veränderung im Entwicklungsverlauf (s. **Tab. 4.5.1**)
- Symptome sind vom Alter der Heranwachsenden abhängig
- Depressionen können auch mit anderen psychischen Störungen, wie zum Beispiel Angststörungen und Störungen des Sozialverhaltens gemischt auftreten.

Als Leitsymptome müssen über *mindestens zwei Wochen* anhalten:

- bedrückte Stimmung und Freudlosigkeit
- Interessenverlust
- Antriebsminderung und Aktivitätseinschränkung
- erhöhte Ermüdbarkeit.

Tabelle 4.5.1: Veränderung der Depressionssymptome im Entwicklungsverlauf nach Harrington

Entwicklungsphase	Depressionssymptome
Im Kleinkindalter (1 bis 3 Jahre)	■ wirkt traurig ■ ausdrucksarmes Gesicht ■ erhöhte Irritabilität ■ gestörtes Essverhalten ■ Schlafstörungen ■ selbststimulierendes Verhalten: Jactatio capitis, exzessives Daumenlutschen ■ genitale Manipulation ■ auffälliges Spielverhalten, reduzierte Kreativität und Ausdauer ■ keine Lust zu spielen ■ mangelnde Phantasie
Im Vorschulalter (3 bis 6 Jahre)	■ trauriger Gesichtsausdruck ■ verminderte Gestik und Mimik ■ leicht irritierbar und äußerst stimmungslabil ■ mangelnde Fähigkeit, sich zu freuen ■ introvertiertes Verhalten, aber auch aggressives Verhalten ■ vermindertes Interesse an motorischen Aktivitäten

Tabelle 4.5.1: *(Fortsetzung)*

Entwicklungsphase	Depressionssymptome
	■ Essstörungen bis zu Gewichtsverlust/-zunahme
	■ Schlafstörungen, Alpträume, Ein- und Durchschlafstörungen
Bei Schulkindern	■ verbale Berichte über Traurigkeit
	■ suizidale Gedanken
	■ Befürchtungen, dass Eltern nicht genügend Beachtung schenken
	■ Schulleistungsstörungen
Im Pubertäts- und Jugendalter	■ vermindertes Selbstvertrauen
	■ Apathie, Angst, Konzentrationsmangel
	■ Leistungsstörungen
	■ Schwankungen des Befindens
	■ psychosomatische Störungen
	■ Kriterien der depressiven Episode

Kasten 4.5.2: Merkmale einer Angststörung

Merkmale einer Angststörung sind zum Beispiel:

- bestimmte Situationen oder Objekte werden gemieden oder mit ausgeprägter Angst ertragen
- Befürchtungen des Betroffenen können sich auf Einzelsymptome wie Herzklopfen oder Schwächegefühl beziehen, sie treten häufig zusammen mit sekundären Ängsten vor dem Sterben, Kontrollverlust oder dem Gefühl auf, verrückt zu werden
- die Angst wird nicht durch die Erkenntnis gemildert, dass andere Personen solche Situationen oder Objekte nicht als gefährlich oder bedrohlich betrachten
- allein die Vorstellung, dass die gefürchtete Situation eintreten könnte, erzeugt gewöhnlich schon Erwartungsangst
- es besteht keine adäquate Möglichkeit, die Angst alleine zu reduzieren
- Zwangsgedanken und Zwangshandlungen, das heißt sich wiederholende gleichbleibende (stereotype) Handlungen, um Ängste/Stress abzubauen, können ebenfalls im Rahmen von Angststörungen auftreten.

Beispielhaft seien an dieser Stelle zwei Arten der Angststörung genannt (für vertiefende Informationen und einen Überblick zu den Angststörungen siehe Schmidt-Traub, Selbsthilfe bei Angst im Kindes- und Jugendalter, Hogrefe 2001):

■ Soziale Phobien
- Beginn liegt häufig im Jugendalter
- Störungen zentrieren sich um die Furcht vor prüfender Betrachtung durch andere Menschen in verhältnismäßig kleinen Gruppen (nicht dagegen in Menschenmengen)
- die Angst ist auf bestimmte soziale Situationen beschränkt oder überwiegt in solchen Situationen
- die angstauslösenden Situationen werden vermieden.

■ Störung mit sozialer Überempfindlichkeit des Kindesalters
- durchgängige oder wiederkehrende altersunangemessene Furcht vor Fremden oder Meidung von Fremden
- Verhalten führt zu einer bedeutsamen sozialen Beeinträchtigung
- die Störung beginnt vor dem 6. Lebensjahr und ist nicht Teil einer generalisierten Störung.

Kasten 4.5.3: Somatoforme Störungen

Somatische Störungen…

- bezeichnen körperliche Beschwerden, die sich nicht oder nicht hinreichend auf eine organische Erkrankung zurückführen lassen
- neben Allgemeinsymptomen wie Müdigkeit und Erschöpfung stehen Schmerzsymptome an vorderster Stelle (gefolgt von Herz-Kreislauf-Beschwerden, Magen-Darm-Beschwerden, sexuellen und pseudoneurologischen Symptomen)
- Hauptcharakteristikum ist die wiederholte Darbietung körperlicher Krankheitssymptome
- häufig in Verbindung mit der hartnäckigen Forderung nach medizinischen Untersuchungen, trotz wiederholter negativer Untersuchungsergebnisse und Versicherung der Ärzte, dass die Symptome nicht körperlich begründbar sind.

Dabei ziehen die Autoren auch den Versuch der «Selbstheilung» durch das online-Rollenspiel in Betracht. Über die anonyme Interaktivität des virtuellen Raumes versuchte die Patientin, ihre Grenzen der Identität zu erforschen und verlor dabei den eigenen inneren Zusammenhang. Bislang gibt es keine Hinweise darauf, dass eine exzessive Computernutzung zu einer Zunahme von Identitätsstörungen führt.

Kasten 4.5.4: Persönlichkeitsstörungen

Persönlichkeitsstörungen erfassen für das Individuum typische und stabile, in der Stärke ihrer Ausprägung von der Norm abweichende Verhaltensweisen, die sich als starre Reaktionsmuster in unterschiedlichsten Lebenssituationen manifestieren und mit persönlichen Funktionseinbußen und/oder sozialem Leid einhergehen.
   Diese Definition beinhaltet, dass die Diagnose einer Persönlichkeitsstörung vor dem 16. Lebensjahr aufgrund der noch vorhandenen Entwicklungspotenziale zurückhaltend gestellt werden sollte. Andererseits lässt sich bei einigen Persönlichkeitsstörungen ein eindeutiges Kontinuum zwischen den Verhaltensmustern in Kindheit und Jugend und denen des Erwachsenenalters nachweisen, so dass auch aus klinisch-praktischen Erwägungen die Diagnose einer Persönlichkeitsstörung in der späten Adoleszenz sinnvoll sein kann. Zu diesem Zwecke mag der Begriff der «Persönlichkeitsentwicklungsstörung» (Schmeck & Resch, 2004; in: Eggers Fegert & Resch: Psychiatrie und Psychotherapie des Kindes- und Jugendalters) als «Arbeitstitel» gut anwendbar sein.

Im Folgenden sei beispielhaft nur eine Persönlichkeitsstörung beschrieben:

■ Emotional instabile Persönlichkeitsstörung, Borderline-Typus:
  - mangelhafte oder fehlende Impulskontrolle
  - Affektinstabilität
  - Unzureichende Handlungsplanung
  - Neigung zu aggressivem oder streitsüchtigem Verhalten
  - Wutausbrüche, insbesondere wenn impulsives Verhalten behindert oder kritisiert wird
  - Unsicherheit über das eigene Selbstbild und die Identität sowie der «inneren Präferenzen» (einschließlich der sexuellen)
  - Intensives unbeständiges Beziehungsverhalten, das nicht selten Auslöser emotionaler Krisen ist
  - selbstverletzende Handlungen.

4.5.1   Psychische Störungen als Folgen der exzessiven Computernutzung?

Von besonderem Interesse ist die Frage nach dem Ursache-Wirkungs-Verhältnis von exzessiver Computernutzung und den beschriebenen psychischen Begleiterscheinungen.

Wie im vorhergehenden Abschnitt dargestellt, wurden vor allem Zusammenhänge von Störungen im emotionalen Bereich und dem Vorhandensein eines exzessiven Computernutzungsverhaltens zu einem bestimmten Zeitpunkt (Befragungszeitpunkt) gefunden. Studien mit einem solchen Untersuchungsdesign, so genannten Querschnittsuntersuchungen, sind in ihrem Aussagewert entsprechend eingeschränkt. So bleibt dabei vor allem unklar, ob das exzessive Computerspielen Ursache oder Folge einer psychischen Störung ist. Ungeachtet von Annahmen und Überzeugungen seitens der Betroffenen sind beide Möglichkeiten denkbar: So könnte der Betroffene schon vorher unter einer psychischen Störung, zum Beispiel einer Angststörung gelitten haben und aufgrund seines Bedürfnisses, alle angstauslösenden Situationen (etwa soziale Kontakte, Begegnungen mit Hunden auf der Straße etc.) zu vermeiden, ein exzessives Computerspielverhalten entwickelt haben. In diesem Fall würde das Computerspielen im Sinne einer Art Selbstmedikation eingesetzt und würde für diesen angstreduzierenden, demnach entspannenden und wohltuenden Effekt, funktionalisiert (zweckentfremdet genutzt). Ebenso ist es umgekehrt auch möglich, dass exzessives Computerspielverhalten zu einer Angststörung führt, indem zum Beispiel die Vernachlässigung von schulischen Verpflichtungen und sozialen Kontakten in negativen Erfahrungen wie schlechte Zensuren und Ablehnung durch Mitschüler resultieren kann. Diese werden dann wiederum zu angstauslösenden Misserfolgserlebnissen und der Betroffene kann in der weiteren Konsequenz eine Schulangst (und Sozialphobie) entwickeln. Jedoch können Angstzustände auch direkte entzugsähnliche Merkmale einer exzessiven krankhaften Computerspielnutzung darstellen.

Um das methodische Problem und damit den Zusammenhang von psychischen Störungen und exzessiver Computernutzung hinsichtlich der Wirkrichtung aufklären zu können, bedarf es in der Regel einer Längsschnittuntersuchung, das heißt mehrerer Messzeitpunkte über einen längeren Zeitraum hinweg. Nur so können Entwicklungen im Verlauf dokumentiert werden, die dann im Ergebnis im Idealfall Ursache und Wirkung zu unterscheiden vermögen.

Ein Beispiel für eine solche Längsschnittuntersuchung und die wohl einflussreichste englischsprachige Studie ist das 1995 begonnene «HomeNet»-Projekt der Arbeitsgruppe von Kraut und

Kollegen, bei dem 208 Personen aus 93 Familien in Pittsburgh untersucht wurden. Die Wissenschaftler konnten einen Zusammenhang zwischen (exzessiver) Internetnutzung und dem Auftreten depressiver Stimmungen (z.B. Niedergeschlagenheit, Antriebsarmut, Unkonzentriertheit und Rückzug), Einsamkeit und sozialer Isolation zeigen (Kraut et al, 1998). Die Autoren interpretieren die bei den betroffenen Internetnutzern ihrer Stichprobe gefundene gehäuft auftretende Einsamkeit mit fehlender Zeit zur Pflege alternativer sozialer Aktivitäten (die Betroffenen widmen ihre Freizeit dem Internet). Im Widerspruch zu den Ergebnissen der «HomeNet»-Studie und für eine starke Unterstützung der Beschreibung des Internets als «sozialer Technologie» stehen Forschungsergebnisse, die eine Verminderung von Einsamkeitsgefühlen durch eine interaktionale, kommunikative Internetnutzung belegen (McKenna & Bargh, 2000).

Dieser scheinbare Widerspruch in den vorliegenden Forschungsergebnissen lässt sich erklären, wenn das Internet nicht als Ursache einer «Persönlichkeitsveränderung» gesehen wird beziehungsweise den Menschen psychisch krank macht, sondern umgekehrt als Werkzeug der computernutzenden Person verstanden wird. So konnten Kraut und Kollegen (2002) im Rahmen einer Folgeuntersuchung («follow-up») die vormals in der oben erwähnten «HomeNet»-Stichprobe gefundenen negativen Effekte nicht mehr bestätigen. Daher postulieren die Autoren ein «rich gets richer»-Modell (sinngemäß: «wer schon hat, gewinnt dazu»), nach dem das Internet um so mehr positive Auswirkungen hat, je kompetenter sich die betreffende Person in einem sozialen Netzwerk bewegt. Es wird davon ausgegangen, dass in diesem Fall der Nutzer von der Computertechnologie profitiert und sie gewinnbringend für sich einsetzen kann.

Zusammenfassend zeigt sich, dass es an dieser Stelle noch einen großen Klärungsbedarf gibt. Die Frage, was die Ursachen und was die Auswirkungen einer exzessiven Computerspielnutzung sind, ist längst noch nicht geklärt. Gezeigt wurde jedoch, dass, wenn das Spiel eingeschränkt werden soll/wird, Entzugserscheinungen zum Beispiel in Form von psychischen (depressiver Verstimmung, Aggressivität) und körperlichen Phänomenen (Unruhe, Nervosität) auftreten können. Weiterhin wird – wie es ebenfalls aus Untersuchungen zur Substanzabhängigkeit bekannt ist – von einem gehäuften Auftreten verschiedener psychischer Störungen (wie z.B. depressive Störungen, Angsterkrankungen und Persönlichkeitsstörungen) berichtet.

4.6 Was haben Gefühle mit Computerspielen zu tun?

4.6.1 Computer und Emotionen

Angenommen, es würde sie jemand fragen: «Wie fühlen Sie sich im Moment?» Welche Antwort würden Sie geben?

Denkbar sind drei verschiedene Arten von Antworten: Sie könnten mitteilen, in welcher *Stimmung* Sie gerade sind (Emotionen), welchen *Stress* Sie erleben (z. B. ob Sie sich allen augenblicklichen Anforderungen gewachsen fühlen) oder Sie könnten berichten, wie es momentan um Ihre körperliche und psychische Gesundheit bestellt ist (**Kasten 4.6.1**).

Betrachten wir zunächst den Bereich der Emotionen, dann den des Stresserlebens und anschließend beide Bereiche im Zusammenhang mit dem Computerspielen.

Gegenwärtig wird eine Emotion als komplexes Muster von Veränderungen als Antwort auf eine Situation, die als persönlich bedeutsam wahrgenommen wird, verstanden. So umfasst eine Emotion unterschiedliche Bereiche: physiologische (körperliche) Erregung, Gefühle, kognitive (gedankliche) Prozesse und Verhaltensreaktionen (Zimbardo & Gerrig, 2005). Diese komplizierte Definition der Emotion reicht über die alltägliche Gleichsetzung der Emotion mit einem einfachen Gefühl hinaus (Schachter & Singer, 1962). Weil Erregungssymptome und interne Zustände bei vielen verschiedenen Emotionen ähnlich sind, können sie in mehrdeutigen oder neuen Situationen leicht verwechselt werden: So ist die kognitive (gedankliche) Bewertung entscheidend dafür, ob wir eine körperliche Reaktion als freudige Erregung oder als Ärger wahrnehmen.

4.6.1.1 Welche Möglichkeiten nutzen Heranwachsende im Umgang mit eigenen Gefühlen?

Gegenwärtig erleben wir gesellschaftlich weitreichende Veränderungen in Form eines rasanten technologischen Fortschritts wie auch hinsichtlich des weltweiten Wettbewerbs um Märkte und

---

Kasten 4.6.1: Die Trias

Die Trias *Emotionen – Stress – Gesundheit*

liefert über ihren hohen Stellenwert in der Medizinischen Psychologie hinaus einen wesentlichen Beitrag zum Verständnis des Phänomens der Computerspielsucht.

Fachkräfte. Einerseits haben heutzutage junge Menschen in einem früher undenkbaren Ausmaß die Freiheit, Entscheidungen für ihr eigenes Leben zu treffen, andererseits sind Flexibilität, Kreativität, Mobilität, Risikobereitschaft und Durchsetzungsvermögen notwendig, um unter dem Druck des globalen Wettbewerbs erfolgreich bestehen zu können. So mag vor 50 Jahren die Berufslaufbahn von der Geschlechtszugehörigkeit beziehungsweise dem Beruf oder den Wünschen der Eltern stärker mitbestimmt worden sein, dementsprechend war die berufliche Zukunft auch stabil vorhersehbar und kalkulierbar. Heutzutage strebt der Heranwachsende nach Selbstverwirklichung, jedoch ohne Garantie auf Wohlstand oder auch nur Sicherheit in der Altersvorsorge. Um bei solchen Arbeitsmarktbedingungen und dem damit verbundenen sozialem Druck trotzdem bestehen zu können scheint die Ausbildung von «soft skills» (sozialer oder emotionaler Kompetenzen) wesentlich (von Salisch, 2002; zur emotionalen Kompetenz s. **Kasten 4.6.1.1**).

Kasten 4.6.1.1: Die «emotionale Kompetenz»

Die «emotionale Kompetenz» besteht im wesentlichen aus drei Komponenten (aus: von Salisch, 2002):

1. *der Bewertung und dem Ausdruck von Emotionen (bei sich und anderen)*
   Bereits in den ersten Lebensmonaten sind die Sprach- und Kommunikationsaktivitäten des Säuglings und seiner Bezugspersonen in hohem Maße von kommunikationsfördernden Kompetenzen bestimmt: Die Entwicklung der angeborenen kommunikativen Grundausstattung des Säuglings wird durch die angemessenen Antwortmuster der Eltern (Überspitzung, Verdeutlichung und Verlangsamung des sprachlichen und mimischen Ausdrucks) unterstützt und gefördert.
   Dabei verfügen schon wenige Wochen alte Säuglinge über strukturierte mimische Muster, die denen Erwachsener entsprechen, es zeigen sich erste Frühformen des sozialen Lächelns in Reaktion auf ein menschliches Gesicht, aber auch Schreckreaktionen. Ab dem 3. Lebensmonat werden die Gesichtsausdrücke deutlicher erkennbar; Lachen und zunehmend auch Gesichtsausdrücke für Ärger, Überraschung, Traurigkeit und Scham treten auf. Angst wird ab dem 7./8. Lebensmonat erkennbar, später auch Schüchternheit, Schuld und Verachtung.
   Bis zum 3. Lebensjahr spiegelt der gezeigte Ausdruck sehr sicher die Gefühle des Kindes wider, danach wird bis ins Schulalter die Veränderung oder Maskierung der subjektiven Gefühle durch gesellschaftlich oder elterlich erwünschte Ausdrucksformen erworben.
   In dieser Zeit entwickelt sich zudem ein Verständnis für die Verschiedenheit eigener und fremder Gedanken, Wünsche und Gefühle. Kinder verfügen zu diesem Zeitpunkt auch über Wörter zur Benennung innerer Zustände.

2. *der Anwendung von Emotionen*
   Zu diesem Teilbereich der «emotionalen Kompetenz» gehört besonders die Motivation und Aufmerksamkeitslenkung, sowie die Fähigkeit zu kreativem Denken und flexibler Planung.

3. *der Emotionsregulierung (bei sich und anderen)*
   Besonders im Jugendalter erscheint die Entwicklung der Regulierung emotional und sozial unangenehmer Situationen nötig zu sein, da in dieser Lebensphase eine Zunahme an Konflikten, zum Beispiel mit den Eltern, zu beobachten ist. Möglicherweise haben Sie sich schon einmal gefragt, wo diese so genannte «emotionale Kompetenz» bei Ihrem pubertierenden Kind zu finden ist,

wenn es vor allem durch negative Emotionen, wie Trauer, Wut, emotionale Distanz und depressive Verstimmung auffällt oder in selbstverliebter (narzisstischer) Genügsamkeit ausschließlich mit den eigenen ich-bezogenen Interessen und Wünschen befasst ist?

Die psychische Entwicklung gelingt dann besser, wenn möglichst viele positive Erfahrungen gesammelt werden und dadurch ein gesundes Selbstvertrauen aufgebaut wird. Natürlich kommt es dabei zu Misserfolgen, unglücklichen Lieben, dramatischen Abbrüchen romantischer Beziehungen – doch sind auch die Erfahrung solcher schlimmen Ereignisse wichtig. Über die Verarbeitung des Misserfolgs und die Auseinandersetzung mit belastenden Gefühlen und inneren Konflikten reifen Charakter und Persönlichkeit des Heranwachsenden.

Falls diese Entwicklungsaufgabe nicht bewältigt wird, kommt es zu einer so genannten Identitätsdiffusion. Der Jugendliche kann keine stabile Ich-Identität entwickeln. Eine Folge davon kann sein, dass sich solche Jugendlichen Gruppen anschließen, die über klare Strukturen verfügen und sie die Gruppenidentität annehmen – oder sich in Computerspiele vertiefen, um im Rahmen der schützenden Anonymität der virtuellen Welten dem Wunsch nach Identitätsfindung und Zugehörigkeit ohne Gefahr von Ablehnung nachzukommen.

Zusammenfassend betrachtet lässt sich sagen, dass Kinder und Jugendliche, die in ihren Entwicklungsstufen vor unterschiedlichen Aufgaben stehen, lernen müssen, mit belastenden Gefühlen und sozialen Konfliktsituationen umzugehen. Die gewählten individuellen Strategien zur Bewältigung von solchen Stresssituationen sind dabei mannigfach.

4.6.2   Computer und Stress

Menschen nehmen sich oft zu viel vor, das geplante Tagessoll wird bei Weitem nicht erreicht, sie machen sich Sorgen um ihre Zukunft und sie können nicht annähernd genug Zeit mit Familie und Hobby verbringen. Sie klagen über «Stress». Andererseits wären wir nicht dieselben, ja, würden wir wohl überhaupt nicht als Spezies überlebt haben, wenn die Umwelt keinerlei Anforderungen an uns gestellt hätte, wir keinerlei Probleme zu bewältigen und keine Anpassung zu leisten gehabt hätten.

Stress wird allgemein verstanden als das Reaktionsmuster eines Organismus auf Ereignisse, die dessen Gleichgewicht stören und dessen Fähigkeit, die Einflüsse zu bewältigen, stark beansprucht oder sogar übersteigt. Ereignisse, die eine solche Anpassungsreaktion erfordern, nennt man Stressoren (**Abb. 4.6.2.1**)

Die Stressreaktion des Organismus besteht aus einer Kombination von körperlichen, emotionalen und kognitiven (gedanklichen) Reaktionen. Ein wichtiges und lebenserhaltendes Erregungssystem unseres Körpers ist der Sympathikus (Teil des vegetativen Nervensystems), der dazu dient, zum Beispiel in Gefahrensituationen unsere Kräfte und Reserven zu mobilisieren und lebenserhaltende Maßnahmen zu ergreifen (flüchten bzw. angreifen). Normalerweise ist die Stressreaktion als Akutreaktion (auf einen bestimmten Moment/Situation bezogen) ein vorübergehender Zustand, mit typischen Anfangs- und Endmustern.

Als problematisch hingegen erweist sich der chronische Stress, der sich als andauernder Erregungszustand und in den entsprechenden Anzeichen der Überforderung manifestiert. Dabei erlebt das Individuum seine Bewältigungsmöglichkeiten und -fertigkeiten als viel zu gering und ungenügend, um die gestellten Anforderungen meistern zu können. In diesem Zusammenhang ist es sehr wichtig, die individuellen Voraussetzungen zu beachten: Nicht jeder Stress wird von jedem Menschen gleich wahrgenommen!

Wie belastend ein Stressor empfunden wird setzt sich aus verschiedenen Faktoren zusammen:

- die Art des Stressors
- die Dauer der Darbietung des Stressors
- die Intensität, mit welcher der Stressor auf den Organismus einwirkt
- ein bereits erhöhtes Erregungsniveau, das durch andere Stressoren ausgelöst wurde
- die Bewertung des Stressors/der Stresssituation
- zuvor gemachte Erfahrungen
- Persönlichkeitseigenschaften
- vorhandene Bewältigungsmöglichkeiten

Das Ausmaß des empfundenen Stresses ist von einer ganz individuellen «Stress-Schwelle» abhangig. Die gleichen Stressoren können demnach bei zwei Menschen zu unterschiedlichen Stressreaktionen führen, je nachdem, ob die individuell unterschiedliche Stress-Schwelle überschritten wird oder nicht.

Auch die vorhandenen Persönlichkeitseigenschaften stehen im Zusammenhang mit dem Stresserleben. So belasten Situationen wie öffentliche Auftritte, Vorstellungsgespräche oder die Selbstbehauptung in einer Gruppe schüchterne Heranwachsende stärker als weniger schüchterne. In der Literatur werden in Verbindung

Abbildung 4.6.2.1:
Stress als Reaktionsmuster nach Selye (1956)

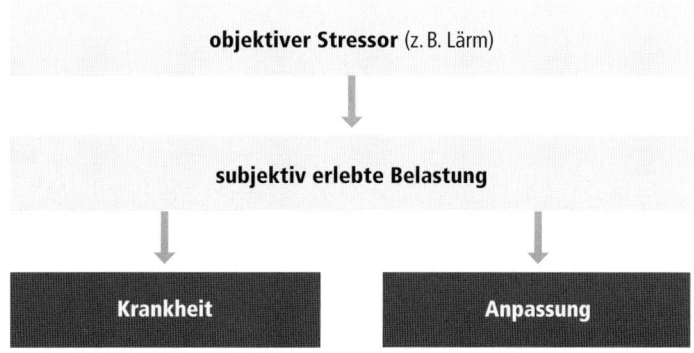

Kasten 4.6.2.1: Typ A Persönlichkeit, Computerspiele und Sucht

Bereits 1995 untersuchten Griffiths und Dancaster das Ausmaß der körperlichen Erregung (gemessen über die Herzfrequenz) vor, während und nach dem Computerspielen. Typ A Persönlichkeiten zeigten eine signifikant stärkere körperliche Erregung während des Spielens als Probanden vom Typ B, auch unter Berücksichtigung der Ausgangserregung. Weiterhin ergab sich ein signifikanter Unterschied hinsichtlich des süchtigen Computerspielens: es waren mehr Teilnehmer vom Typ A betroffen (früher oder akut). Die Autoren schließen daraus, dass Typ A Persönlichkeiten empfänglicher für die Entwicklung einer Computerspielsucht sind, weil sie eine stärkere Erregung empfinden.

---

mit dem Stress zwei Persönlichkeitstypen (A und B) unterschieden, die jedoch für den Erwachsenenbereich formuliert wurden. Bei der Untersuchung von Herzinfarktpatienten fanden Friedman und Rosenman (1974) sehr viel häufiger den Typ A unter den Patienten (s. **Abb. 4.6.2.2**).

Am Beispiel des Stresserlebens und der individuell unterschiedlichen Wahrnehmung von Bewältigungsmöglichkeiten haben wir bereits gezeigt, dass psychische Prozesse für das Erleben von Krankheit und Gesundheit eine große Rolle spielen. Dabei bezieht sich «Gesundheit» auf die generelle Verfassung von Körper und Geist und ist mehr als die Abwesenheit von Krankheit oder Verletzung: es geht vielmehr darum, wie gut alle Körperteile zusammenarbeiten (Zimbardo & Gerrig, 2004). Auch die westliche Medizin geht mittlerweile von einem bio-psycho-sozialen Modell der Gesundheit aus, das die körperliche Gesundheit mit dem seelischen Zustand und der Umwelt in Verbindung bringt.

4.6.3 Emotionen, Stress und Computerspiele

Für den theoretischen Rahmen des folgenden Kapitels wird davon ausgegangen, dass sich – wie in Kapitel 4.6 beschrieben – die emotionale Kompetenz im Kindes- und Jugendalter entwickelt und in verschiedenen Phasen verläuft (von Salisch, 2002). Um eine

Typ A	**Typ B**
■ leistungsorientiert	■ sucht Erholung
■ ständig unter Zeitdruck	■ braucht viel Ruhe
■ Konkurrenzstreben	■ entspannt sich in der Freizeit
■ aggressiv und feindselig	■ ausgewogene Begegnung
■ herrschsüchtig	mit anderen
■ hohe selbstgesetzte Ziele	
■ Arbeit ist das Wichtigste	
■ Aktivitätszwang	
■ Glück hängt an materiellen Gütern	

Abbildung 4.6.2.2: Persönlichkeitstypen nach Friedmann & Rosenman (1994)

erfolgreiche Entwicklung zu durchlaufen, muss ein Mensch in mindestens vier Bereichen Fähigkeiten ausbilden:

- Aufmerksamkeit der Person für die eigenen Gefühle
- Mitgefühl für andere
- Aufbau zufriedenstellender zwischenmenschlicher Beziehungen
- konstruktiver Umgang mit belastenden oder sozial problematischen Gefühlen (Stressbewältigung).

Dabei stehen die Bereiche nicht unabhängig nebeneinander, sondern sind eng miteinander verknüpft. Aufgrund der engen Wechselwirkung zwischen Computerspielen und dem emotionalen Erleben beim Spielenden kann exzessives Computerspielen in allen vier genannten Bereichen schädliche Auswirkungen haben und somit die Entwicklung behindern. Im Folgenden soll diese Annahme begründet werden:

Wenn Sie den Zusammenhang zwischen Gefühlen und Computerspielen näher betrachten, fallen Ihnen möglicherweise Situationen ein, in denen Ihr Kind außerordentlich heftig auf ein verlorenes Computerspiel reagierte und emotional sehr erregt war oder allgemeiner, dass Computerspiele die Stimmung Ihres Kindes beeinflussten. Diese Beobachtung ist auch in wissenschaftlichen Untersuchungen belegt worden: Empfindungen und Gefühle, deren Ursache im Spielverlauf lagen, wurden in den Alltag übertragen. Dabei können je nach Spielerfolg zum Beispiel Frustration und Ärger oder auch Stolz und Glücksgefühle ausgelöst werden (Esser & Witting, 2003).

So hat bislang das positive belohnende emotionale Erleben beim Computerspielen wissenschaftlich kaum Beachtung gefunden. Es scheinen sich fast nur Spiele-Entwickler und Marketing-Fachleute für diesen Bereich zu interessieren. Dieses Interesse mag vor allem dem jüngsten Trend geschuldet sein, Online-(Rollen-) Spiele anzubieten (mit der Möglichkeit, virtuell eine andere soziale Rolle anzunehmen), bei denen die Spieler nicht nur das Programmpaket mit dem Datenträger erwerben, sondern zusätzlich monatliche Beiträge für das Spielen im Internet entrichten müssen. In diesem Zusammenhang haben besonders «MMORPG» (Massively Multiplayer Online Role-Playing Games) an Bedeutung gewonnen. Unter erheblichem finanziellen Aufwand seitens der Spielindustrie werden Serverplattformen, technischer Support, regelmäßige Programmverbesserungen und -erweiterungen für bis zu mehrere Millionen Spieler weltweit bereit gestellt. Hinsichtlich des angestrebten finanziellen Gewinns bedarf es auf Seiten der Spielindustrie natürlich eingehender Untersuchungen: Welche strukturellen Elemente eines Spiels überzeugen die Nutzer, fortlaufend jeden Monat Geld für ein schon bezahltes Spiel zu überweisen?

Kasten 4.6.3.1: Negative Auswirkungen von Computerspielerfahrungen auf die Stimmung

Ein besonders wichtiger Problembereich der Wirkungsforschung zum Thema «Computerspielen» betrifft die Frage nach der Übertragung (Transfer) von Computerspielerfahrungen in das wirkliche Leben (zu einem Überblick s. Esser & Witting, 2003). Besonders im Bereich der Aggressionsforschung begegnet dem interessierten Leser immer wieder die Annahme, dass sich aggressive Reaktionen und Verhaltensweisen nach der Beschäftigung mit gewalttätigen Computerspielen mehren. Dabei bleibt nach wie vor weitgehend ungeklärt, ob Gewalt-Computerspiele die Ursache für aggressive Handlungen sind oder sich umgekehrt aggressiv handelnde Menschen bevorzugt gewalttätige Spiele aussuchen, da diese ihrer Persönlichkeitsstruktur entgegenkommen. Doch auch abseits der Diskussion um den Einfluss von Medien auf die Aggressivität sollten Ausmaß und Dauer anderer durch Computerspiele ausgelöster negativer Gefühle (z.B. Frustration) nicht überschätzt werden: Durch die Möglichkeit des Abspeicherns von Spielständen ist ein übendes Wiederholen, beziehungsweise durch das «Betrügen» mittels cheat-codes, sogar ein müheloses Meistern schwieriger Spielpassagen prinzipiell immer möglich.

Vor diesem Hintergrund wird in der wirtschaftswissenschaftlichen Fachliteratur das belohnende positive Erleben beim Computerspielen als Designvariable für die Entwicklung neuer Spiele diskutiert (Ravaja et al., 2004). Das emotionale Erleben beim Computerspielen ist multidimensional und dynamisch, eine Fülle von Empfindungen, wie zum Beispiel Freude, Stolz, Ärger, Angst, Spannung und Erleichterung, kann durch Computerspiele ausgelöst werden. Die Autoren weisen auch kritisch darauf hin, dass die Mehrzahl der Forschungspublikationen negative Effekte in den Mittelpunkt stellen, zum Beispiel hinsichtlich der Steigerung von Aggressivität durch das Computerspielen (Carnagey & Anderson, 2005) (s. **Kasten 4.6.3.1**).

Nicht nur die durch das Computerspielen ausgelösten positiven Emotionen motivieren zu einer längeren Beschäftigung mit dem Spiel, sondern auch die durch Medien ausgelösten unangenehmen Affekte wie Angst (z.B. beim Anschauen von Horrorfilmen) tragen zum Unterhaltungswert maßgeblich bei.

Die verschiedenen Vorlieben jedes Einzelnen für den entsprechenden Inhalt lassen sich persönlichkeitspsychologisch durch ein von Mensch zu Mensch unterschiedliches, «optimales Erregungsniveau» erklären. Dieses «optimale Erregungsniveau» bezeichnet die subjektiv als angenehm empfundene Stimulierung (unabhängig von der positiven oder negativen Färbung der Inhalte) durch äußere Eindrücke oder Reize. Mediendarstellungen sind zur Herstellung eines solchen subjektiv optimalen Erregungsniveaus wie geschaffen.

Auch wenn Medieninhalte, die in der Realität nur selten oder gar nicht erfahrbar sind (Horror, Science Fiction, Reality-TV etc.), wie beim Fernsehen nur passiv konsumiert werden und der

Zuschauer auf die Intensität der Stimulation (Gewaltdarstellungen, sexuelle Inhalte) nur wenig Einfluss nehmen kann, kommt das einem entsprechenden Bedürfnis nach Stimulation entgegen (Gleich, Kreisel, Thiele, Vierling & Walther, 1998). Um ein Vielfaches mehr mögen multimediale Inhalte (z. B. Internet und Computerspiele) geeignet sein, Anregung und intensive Erfahrungsmöglichkeiten zu bieten (Burst, 2003). So wird in einer Untersuchung gezeigt, dass Studenten mit einem hohem Bedürfnis nach Abwechslung, «Thrill» und Stimulation das Internet bevorzugt nutzen, um sich sexuell orientierte Inhalte anzusehen, Musik aus dem Internet zu laden, zu spielen und mit Freunden zu chatten (Weisskirch & Murphy, 2004). In einer weiteren Studie zeigten sich bei internetsüchtigen Jugendlichen im Vergleich zu unauffälligen Internetnutzern gleichen Alters sehr viel (signifikant) stärker ausgeprägte Tendenzen zur sexuellen und sozialen Enthemmung (Lin & Tsai, 2002). Diese Ergebnisse stehen im Widerspruch zu einer anderen Studie, bei der internetsüchtige Studenten verglichen mit nicht-süchtigen Internetnutzern eine sehr viel (signifikant) niedrigere Erregung als angenehm angaben (Lavin, Marvin, McLarney, Nola, & Scott, 1999).

Für den Zusammenhang von exzessiver Computernutzung und einem hohen Bedürfnis nach Stimulation und Abwechslung mag möglicherweise ebenso das Phänomen gelten, dass es eine Gruppe von Internetsüchtigen oder Computerspielsüchtigen gibt, die durch schnelle Bildinformationen beziehungsweise durch Medieninhalte extremer Art (Pornographie, Gewaltdarstellungen) eine für sie optimale Stimulation suchen, während andere exzessiv computernutzende Personen aus ganz anderen Motiven ihr exzessives Verhalten durchführen. Letztere agieren eher zurückgezogen, introvertiert und problemvermeidend im Alltag (Seepersad, 2004). Auch in einer Studie zum Fernsehkonsum bei Personen mit Sensation Seeking-Verhalten («Stimulationssuchverhalten») zeigte sich eine ausgeprägte Vorliebe für Horrorfilme und eine verstärkte Gewohnheit, die Fernsehkanäle «durchzuzappen» (Burst, 2003).

Für das Kindes- und Jugendalter gilt, dass sich die Persönlichkeit noch nicht voll ausgebildet hat, sondern sich in der Entwicklung befindet – daher sind Ergebnisse wissenschaftlicher Untersuchungen (sofern überhaupt vorhanden!) hier vorsichtig zu interpretieren.

Doch kehren wir zurück zu der Ausgangsfrage nach den emotional belohnenden, zum Weiterspielen motivierenden Aspekten von Computerspielen. Das Phänomen des «Versinkens» in Computerspielen und dem Vergessen der Umwelt scheint mit der Art des Computerspiels und dem Schwierigkeitsgrad zusammen zu hängen:

- dreidimensionale Spielumgebungen
- eine natürlich-realistische Gestaltung der virtuellen Umgebung
- hoher Schwierigkeitsgrad, der die Aufmerksamkeit des Spielers fordert und keine Reserven für die Wahrnehmung realer Umweltreize zulässt.

Diese Aspekte erhöhen den erzielten beziehungsweise erwünschten Effekt (Ravaja et al., 2004).

Eine Studie aus Taiwan identifiziert neben der Möglichkeit einen «Avatar» (= künstliche Person oder grafischer Stellvertreter einer realen Person in der virtuellen Welt) im Verlaufe des Spiels auszubauen, sechs Faktoren, welche die Kaufentscheidung für ein (Action-)Spiel maßgeblich beeinflussen (Hsu, Lee, & Wu, 2005):

- Innovation und Machterleben
- ansprechende Gestaltung
- Interaktivität
- Herausforderung
- Kontrolle
- Belohnung.

Neben einem abwechslungsreichen Spielkonzept sowie der atmosphärischen Gestaltung durch Grafik und Toneffekte erscheint besonders die Interaktivität, also das Kommunizieren und gemeinsame Handeln mit anderen Spielern über eine Internetverbindung als besonders verkaufsrelevant.

In jüngster Zeit wird vor allem das Suchtpotenzial solcher interaktiven Online-Spiele diskutiert, da diese Computerspiele nicht nur Verkaufsschlager sind, sondern auch strukturell daraufhin angelegt sind, den Spieler über lange Zeit zu fesseln: So gibt etwa ein Viertel der befragten Online-Spieler in einer ersten Studie an, mehr als 41 Stunden pro Woche für dieses Spiel am Computer zu sitzen; 15 Prozent spielten über 50 Stunden pro Woche (Griffiths et al., 2004). Bei diesem enormen Zeitaufwand muss es zwangsläufig zu Einbußen anderer, «normaler» Aktivitäten kommen. So zeigte sich auch in der zitierten Studie, dass die Jugendlichen in dieser Gruppe der Extremspieler vor allem Schule und Berufsausbildung vernachlässigten.

Es ist jedoch kaum zu erwarten, dass dieser erhebliche Teil pathologischer Computerspieler nur aus Spaß und Freude am Computerspielen seine schulische Laufbahn «aufs Spiel setzt». Vielmehr kann davon ausgegangen werden, dass exzessives Computerspielen über den Vergnügungsfaktor hinaus zumindest kurzfristig für den Betroffenen eine sinnvoll erscheinende Funktion erfüllt. So wäre auch das objektiv sehr ungünstige Kosten-Nutzen-Verhältnis der exzessiven Computerspieler kaum zu erklären: Warum sollten Kinder und Jugendliche exzessiv Computerspielen, wenn ihnen dieses Verhalten nichts weiter als Ärger einbringt? Auf irgendeine Art und Weise muss sich das Verhalten auszahlen, müssen die Streitereien zu Hause bewusst oder unbewusst als notwendiges Übel für die ausstehende Belohnung und den gewünschten Effekt, der durch das Computerspielen ausgelöst wird, in Kauf genommen werden. Langfristig gesehen ist das Verhalten des exzessiven Computerspielers allerdings dysfunktional, das heißt einer gesunden Entwicklung abträglich, weil sich die negativen Konsequenzen mehren.

Die Frage ist: Welche kurzfristig sinnvoll erscheinende Funktion erfüllt das exzessive Computerspielen im Kindes- und Jugendalter, aufgrund derer sich die Aufrechterhaltung des Verhaltens (um jeden Preis) lohnt?

Esser und Wittting (2003) berichten in ihrer Untersuchung, dass einige der teilnehmenden Computerspieler Situationen beschreiben, in denen sie den Computer anschalten, um Gefühle wie Wut, Frust, Enttäuschung und Trauer in die virtuelle Welt zu übertragen und dort abzureagieren. Verläuft diese Strategie erfolgreich, gelingt es dem Spieler, seine negativen Gefühle zu kompensieren und sich wieder besser zu fühlen. Ricketts und Macaskill (2003) belegen einen ähnlichen Effekt auch bei pathologischen Glücksspielern, die das Spiel zur Emotionssteuerung – besonders zum Management von negativen Affekten durch Erregung, Ablenkung und Gewinn – nutzen. So kann davon ausgegangen werden, dass bei exzessiven krankhaften Computerspielern das exzessive Verhalten zweckentfremdet, das heißt als effektive, aber langfristig gesehen sich ungünstig auswirkende Stressbewältigungsstrategie eingesetzt wird. Die Betroffenen regulieren ihre unangenehmen Gefühlzustände beziehungsweise vermeiden die aktive Auseinandersetzung mit diesen (Grüsser, Thalemann et al., 2005).

Die Computernutzung und insbesondere auch die Nutzung von Computerspielen ist für den Moment sicherlich eine effektive Methode von der Umwelt abzuschalten – wer schon einmal ein ansprechendes Computerspiel ausprobiert hat, wird dem vermutlich zustimmen können. So kann sich der Spieler sehr schnell in das Spiel vertiefen, sich ablenken, Zeit und Alltagssorgen hinter sich lassen. Jedoch lösen sich die auslösenden Belastungssituationen durch das Spielen natürlich nicht auf. Im Gegenteil, die mit der Vermeidung einhergehende empfundene Belohnung (unangenehme Gefühle wie zum Beispiel Ärger, Frust, Einsamkeit und Kummer werden unterdrückt) verstärkt das Vermeidungsverhalten immer mehr. So wurde das Verhalten als angenehm empfunden und die Wahrscheinlichkeit steigt, dass dieses Verhalten wieder eingesetzt wird – insbesondere bei vergleichbaren Gefühlszuständen. Bei mehrfacher Wiederholung lernt nun das Individuum, dass Computerspielen sein bevorzugtes belohnendes Verhalten ist und in der Folge werden alternative Bewältigungsstrategien nicht mehr genutzt, regelrecht verlernt und stehen dann nicht mehr zur Verfügung (s. **Abb. 4.6.3.1**).

In Anlehnung an die aktuelle Forschungsliteratur zum Thema der Stressbewältigung im Kindes- und Jugendalter kann davon ausgegangen werden, dass Jungen und Mädchen schon sehr früh unterschiedliche Strategien im Umgang mit belastenden Gefühlen entwickeln (s. **Kasten 4.6.3.2**): Die Annahme, dass männliche Heranwachsende schon sehr früh eher zur vermeidenden Stressbewältigung tendieren (Eschenbeck & Kohlmann, 2002), mag unter Umständen einen Beitrag zur Erklärung des weitaus häufigeren Auftretens von exzessivem Computerspielen bei Jungen liefern.

So nutzen in diesem Zusammenhang Jungen im Gegensatz zu Mädchen den Computer häufiger zur Ablenkung von belastenden Gefühlen. Damit steht Jungen eine besonders effektive Möglichkeit in Form von Computerspielen im Rahmen ihrer geschlechtstypischen (also ausweichenden) Bewältigung von Stress zur Verfügung; dieser Zusammenhang trägt möglicherweise dazu bei, dass Jungen sehr viel eher ein exzessives Spielverhalten am Computer entwickeln: alternative Bewältigungsstrategien erscheinen weit weniger *attraktiv*, möglicherweise auch scheinbar weniger *effektiv*. Bemerkenswert hier ist die Funktion des Computerspielens bei exzessiv computerspielenden Mädchen: Aus bislang kaum bekannten Gründen scheinen diese Mädchen nicht über die eigentlich zu erwartenden geschlechtstypischen Bewältigungskompetenzen zu verfügen. So unterscheiden sie sich nicht bezüg-

Abbildung 4.6.3.1:
Teufelskreis Stress
und exzessives
Computerspielen

Stress-Erleben

Stress-Auslöser
bestehen nach
wie vor.
Computerspiel-
verhalten wird
selbst zum
Konfliktherd!

Ein Teufelskreis!
Exzessives Computerspielen
zur Stressbewältigung

Computer-
spielen lässt
Stress
vergessen

Erfahrung wirkt belohnend,
Verhalten wird verstärkt und zunehmend exzessiv

Kasten 4.6.3.2: Stress und Stressbewältigung bei Heranwachsenden (n. Seiffge-Krenke, 2002)

Die meisten Stresssituationen (82 %) Jugendlicher stehen im Zusammenhang mit sozialen Konflikten. Jugendliche verfügen offenbar über die Fähigkeit, unterschiedliche Lösungsversuche zu finden – je nachdem, ob die jeweiligen Konflikte mit Gleichaltrigen oder älteren Generationen ausgetragen werden. Bei Konflikten mit den Eltern wird einerseits das Problem sehr häufig direkt angesprochen, andererseits versuchen die Jugendlichen in diesem Fall aber auch, ihre Gefühle zu unterdrücken, sich abzulenken oder Kompromisse einzugehen. So wird auch häufig bei einem Streit mit den Eltern das Problem mit Freunden besprochen. Im umgekehrten Fall, also dem Streit mit Freunden werden die Eltern hingegen kaum einbezogen. Die bevorzugten Strategien sind hier die direkte Ansprache sowie die Suche nach Trost und Verständnis bei Freunden mit ähnlichen Problemen. Diese spezifischen Strategien konnten kulturvergleichend in mehreren Studien übereinstimmend belegt werden. Ebenso deutlich finden sich Geschlechtsunterschiede dergestalt, dass Mädchen die Diskussion mit Betroffenen sowie die Suche nach sozialer Unterstützung häufiger wählen als Jungen.

In wissenschaftlichen Untersuchungen kaum Beachtung fanden hingegen Kompensationsmöglichkeiten zur Steuerung der eigenen Emotionen beziehungsweise zur Kontrolle des Ausdrucks von Gefühlen bei Jugendlichen, wenn sie einsam oder unsicher sind beziehungsweise sich selbst schützen wollen. Hierunter fallen zum Beispiel das Schreiben von Tagebüchern, intensive Brieffreundschaften, imaginäre Phantasiegefährten – und die Nutzung elektronischer Kommunikationsmedien (chat). Sie bieten unter Wahrung eines «Sicherheitsabstands» die Möglichkeit der Erprobung des eigenen Umgangs mit negativen und positiven Gefühlen und der Herstellung von Intimität. Inwieweit auch Computerspiele eine emotionsregulierende Funktion haben, ist Gegenstand laufender Untersuchungen.

---

lich des Kommunikationsverhaltens und der bevorzugten Konfliktlösestrategien von den exzessiv computerspielenden Jungen (Grüsser, Thalemann, et al., 2005). Diese Verhaltenstendenz bei computerspielsüchtigen Mädchen sollte in künftigen Untersuchungen stärker in den Mittelpunkt gestellt werden.

Wie wir bereits darstellten, sind das emotionale Erleben und vor allem die Stressbewältigungsstile nicht immer gleich, sondern auch von Persönlichkeitsmerkmalen abhängig. Verglichen mit sozial gut eingebundenen, kompetenten Internetnutzern erhöht sich die Wahrscheinlichkeit schädlicher Auswirkungen der Internetnutzung bei eher introvertierten (d.h. in sich gekehrten) Menschen, die bei ihrer Stressbewältigung nur auf geringe soziale Unterstützung zurückgreifen können. Seepersad (2004) belegte, dass Jugendliche, die im Alltag vermeidende Bewältigungsstrategien bevorzugen, das heißt, Problemen ausweichen anstatt aktiv nach Lösungen zu suchen, das Internet vorrangig zu Unterhaltungszwecken und zur Zerstreuung nutzen. Dieses Nutzungsmuster kann im Sinne einer Ablenkung oder Betäubung von negativen Affekten (Gefühlen) interpretiert werden: demnach bestimmt das individuelle «offline»-Bewältigungsverhalten im Alltag auch die Art und Weise und somit die Qualität der Internetnutzung (Seepersad, 2004). Bei exzessiv computernutzenden Heranwachsenden wurden ebenfalls sehr viel (signifikant) häufiger vermeidende als aktive Bewältigungsstrategien gefunden (Grüsser, Thalemann, et al., 2005). Eine Studie zum Vergleich von Alltagseinstellungen/Lebensweise und Verhalten/Erfolg in virtuellen Spielwelten von Whang und Chang (2005) impliziert überdies, dass sich real fehlende soziale Kompetenz und Selbstsicherheit auch im virtuellen Raum fortsetzt: Spieler, die eher als sozial wenig kompetent eingestuft wurden, zeigten sich auch Mitspielern im virtuellen Raum gegenüber misstrauisch und waren in der Konsequenz durch diesen Mangel an Teamfähigkeit beim Spielen vergleichsweise erfolglos. Dennoch schien genau diese Spielergruppe nach Ansicht der Autoren am ehesten gefährdet, ein krankhaftes Spielverhalten im Sinne einer Verhaltenssucht zu entwickeln.

5. Gesundheit: Wie wirken sich Computerspiele auf den Körper des Heranwachsenden aus?

Während bei der Untersuchung des Zusammenhangs von gleichzeitig auftretenden psychiatrischen Erkrankungen (Komorbiditäten) und exzessiver Computernutzung mangels Längsschnittuntersuchungen die Wirkrichtung (von Ursache und Wirkung, «Henne und Ei-Problem») unklar bleibt, konnten schädigende Effekte der exzessiven Computernutzung beziehungsweise Computersucht bei Kindern und Jugendlichen auf der körperlichen Ebene nachgewiesen werden. So berichten verschiedene Autoren von muskulären und anderen körperlichen Überanstrengungen (Gillespie, 2002; Tazawa & Okada, 2001). Als weitere körperliche Auswirkung wurde eine ungünstige Verbindung zwischen ungesunder Ernährungsweise und übermäßigem Medienkonsum im Jugendalter festgestellt (Settertobulte, 2002). Des Weiteren wurden in verschiedenen Studien Videospiele als Auslöser von epileptischen Anfällen beschrieben (Bureau, Hirsch, & Vigevano, 2004). Im Extremfall führt das tagelange Sitzen vor dem Computer durch die auftretende «e-Thrombose» auch zum Tode (Lee, 2004).

Die körperlichen Symptome von exzessivem Computerspielen und damit verbundenem Schlafmangel im Kindesalter sind recht eindrücklich von japanischen Kollegen beschrieben worden. Tazawa und Okada (2001) legen einen Zusammenhang zwischen «ungeklärten» körperlichen Symptomen und dem Ausmaß des Videospielens sowie einem Mangel an Schlaf nahe. Die in einer Arztpraxis vorgestellten Kinder im Alter zwischen 6 und 13 Jahren klagten über anhaltende Ermattung und Kopfschmerzen. Alle Patienten wiesen dunkle Augenringe und Muskelversteifungen auf, bei einem Viertel der Patienten wurde eine Schulterblattverschiebung infolge von Fehlbelastung des Skeletts und der Muskulatur diagnostiziert. Alle Symptome verschwanden, nachdem das Fernseh- und Videospielverhalten eingeschränkt und damit die Schlafdauer erhöht wurde. In einer Folgeuntersuchung bei 1172 Schülern zwischen 6 und 11 Jahren wurde dieser vermutete Zusammenhang kontrolliert: es zeigte sich, dass exzessives Videospielen mit einer signifikant höheren Wahrscheinlichkeit zu den gefundenen dunklen Augenringen und Muskelsteifheit bei Kindern führt. Bemerkenswerterweise war hier das Kriterium der Autoren für ein «exzessives» Videospielverhalten: Lediglich eine tägliche Spielzeit von mindestens 60 Minuten wurde als kritischer Grenzwert definiert. In Anbetracht der um ein vielfaches längeren durchschnittlichen Spielzeit vieler Kinder müssen die Ergebnisse der vorgestellten Untersuchung durchaus sehr ernst genommen werden. Die Autoren empfehlen im Rahmen der Auswertung ihrer Studienergebnisse eine tägliche Spielzeit von weniger als einer Stunde (Tazawa & Okada, 2001). Auch die Forschungsergebnisse anderer Studien zeigen, dass Computerspiele häufig in den Abend- und Nachtstunden gespielt werden und somit einem gesunden Schlafverhalten Heranwachsender entgegenstehen (Higuchi, Motohashi, Liu, & Maeda, 2005; Grüsser, Thalemann et al., 2005).

Andere empirische Untersuchungen deuten darauf hin, dass sich unabhängig vom Alter die Schlafgewohnheiten der Nutzer durch die Computertechnologie und das Internet verändert haben. In einem Bericht des japanischen Ministeriums für das Post- und Telekommunikationswesen wurde 1998 festgestellt, dass knapp 54 Prozent der Internetnutzer – verglichen zu früheren Zeiten, bevor sie das Internet nutzten – später schlafen gingen (Higuchi et al., 2005). In einer Untersuchung an sieben jungen Erwachsenen (das Durchschnittsalter lag bei knapp 25 Jahren) konnte gezeigt werden, dass sich ein erregendes Computerspielen direkt vor dem Schlafengehen erheblich (statistisch signifikant) auf unterschiedliche Körperreaktionen auswirkt. Nach dem Computerspielen wiesen die Teilnehmer

- eine höhere Herzfrequenz
- eine geringere Müdigkeit (sowohl subjektiv berichtet als auch durch eine elektroenzephalographische Messung (Hirnstrommessung) objektiv bestätigt)
- eine längere Zeit zum Einschlafen und
- kürzere REM (Rapid-Eye-Movement)-Schlafphasen (Traumschlafphasen)

als unter Kontrollbedingungen auf (Higuchi et al., 2005). Da insbesondere Kinder und Jugendliche vom exzessiven Computerspielen betroffen sind, erscheinen weitere Schlafuntersuchungen mit minderjährigen Computerspielern besonders aufschlussreich.

Ein weiterer bedeutsamer Zusammenhang zeichnet sich zwischen Computerspielen und Übergewicht im Zusammenhang mit Schlafmangel ab. Während mehrere Studien (z.B. Kautiainen et al., 2005) nachweisen konnten, dass Computerspielen – entgegen der landläufigen Meinung – für sich alleine genommen *keinen* Risikofaktor für Übergewicht darstellt (s. **Kasten 5.1**), rücken neuere

Forschungsergebnisse die Bedeutung genügend langen Schlafes im Jugendalter für ein normales Körpergewicht in den Mittelpunkt.

Dieser Sachverhalt erscheint zunächst überraschend, da der gefundene Zusammenhang entgegen der Vermutung «wer viel schläft, neigt auch eher zu Inaktivität und damit zu einem tendenziell höheren Körpergewicht» genau umgekehrt ist: Das Risiko für Jugendliche übergewichtig zu sein, sinkt statistisch mit jeder zusätzlichen Stunde nächtlichen Schlafens um 10 Prozent (Knutson, 2005). Daraus schlussfolgern wir, dass exzessives Computerspielen bei Heranwachsenden vielleicht nicht direkt, jedoch über die Beeinträchtigung der Schlafenszeiten zum Übergewichtsrisiko beitragen kann.

Vielfach berichten Eltern von einem weiteren Effekt des exzessiven Computerspielens auf das Essverhalten in Form von einer unregelmäßigen Einnahme der Mahlzeiten beziehungsweise des Tempos, mit dem Essen hinuntergeschlungen wird, um mehr Zeit

---

Kasten 5.1: Übergewicht und Medienkonsum

Die Weltgesundheitsorganisation (WHO) hat bereits 1997 Übergewicht als eine außerordentlich ernstzunehmende Volkskrankheit des 21. Jahrhunderts bezeichnet. Kinder und Jugendliche sind dabei besonders in den Blickwinkel gerückt. Es gilt als erwiesen, dass das Jugendalter eine kritische Zeit beziehungsweise Phase für die Entwicklung von Übergewicht darstellt und dass übergewichtige Jugendliche mit hoher Wahrscheinlichkeit auch im Erwachsenenalter fettleibig sein werden. Dabei steigt die Auftretenshäufigkeit von Übergewicht bei Kindern und Jugendlichen in verschiedenen Ländern an: eine australische Untersuchung stellte bei fast jedem vierten Kind Übergewicht fest (zit. bei Wake, Hesketh, & Waters, 2003).

Die überwiegende Anzahl der Studien, die Medienkonsum und Übergewicht untersuchen, beschränken sich dabei auf den Zusammenhang von Fernsehen mit der Energieaufnahme. Dabei werden hauptsächlich vier Prozesse vermutet:

1. Fernsehen verhindert eine bewegungsaktive Freizeitgestaltung
2. Fernsehen führt zu einem geringeren Energieverbrauch infolge einer verringerten metabolischen (stoffwechselbedingten) Umsetzung
3. Fernsehen führt zu einer erhöhten Energieaufnahme durch das Essen größerer Mengen Süßigkeiten, Fast Food und Limonade während des Schauens
4. Fernsehen erhöht die Wahrscheinlichkeit einer ungesunden Ernährung durch den Einfluss von Werbung.

Von allen Bildschirmmedien wird neben dem Fernsehen jedoch die meiste Zeit mit Computerspielen verbracht. Daher sind analoge Schlussfolgerungen denkbar, doch sind Untersuchungen zum Zusammenhang von Computerspielen und Übergewicht gegenwärtig noch rar. Es scheint, dass ein direkter Zusammenhang – wie beim Fernsehen – schwer nachweisbar ist. Gründe dafür liegen möglicherweise darin, dass der Energieumsatz beim Spielen höher ist als beim bloßen Sitzen und ferner die Hände nicht zum Essen und trinken frei sind. Fest steht jedoch auch, dass die Beobachtungen vieler Eltern kürzlich wissenschaftlich belegt worden sind: ein exzessives Computerspielen geht mit einem ungesunden Essverhalten einher. Dabei wurde konkret ein Verzicht auf einzelne Mahlzeiten nachgewiesen sowie ein hastiges Essverhalten, um Zeit für das Spielen zu gewinnen (Van den Bulck & Eggermont, 2006).

am Computer verbringen zur können. Diese Beobachtung ist aktuell auch Gegenstand einer wissenschaftlichen Untersuchung, welche die Wahrnehmung vieler Eltern bestätigt. Van den Bulck und Eggermont (2006) stellen bei einem Viertel der 2546 befragten Jugendlichen im Alter von 13 und 16 Jahren mindestens einmal wöchentlich ein hastiges Essverhalten wegen der Aussicht auf Fernsehen oder Computerspielen fest; rund ein Prozent der Jugendlichen lässt eine Mahlzeit ganz wegfallen, um fernzusehen oder am Computer zu spielen. Bei den Jugendlichen, die mehr als viermal wöchentlich Computerspielen, steigt die Wahrscheinlichkeit um das zehnfache, dass sie auf eine Mahlzeit ganz verzichten. Die Autoren empfehlen Eltern, gesunde Verhaltensweisen im Zusammenhang mit Essen zu stärken und den Medienkonsum einzuschränken.

Zusammenfassend lässt sich sagen, dass exzessives Computerspielen mit der Gefühlswelt des Heranwachsenden, mit dessen Strategien zur Stressbewältigung, seiner Persönlichkeitsentwicklung und Gesundheit zusammenhängen und diese negativ beeinflussen kann. Ein mögliches Ursachen-Wirkungsmodell der Computerspielsucht lässt sich in Form einer Grafik (s. **Abb. 5.1**) veranschaulichen.

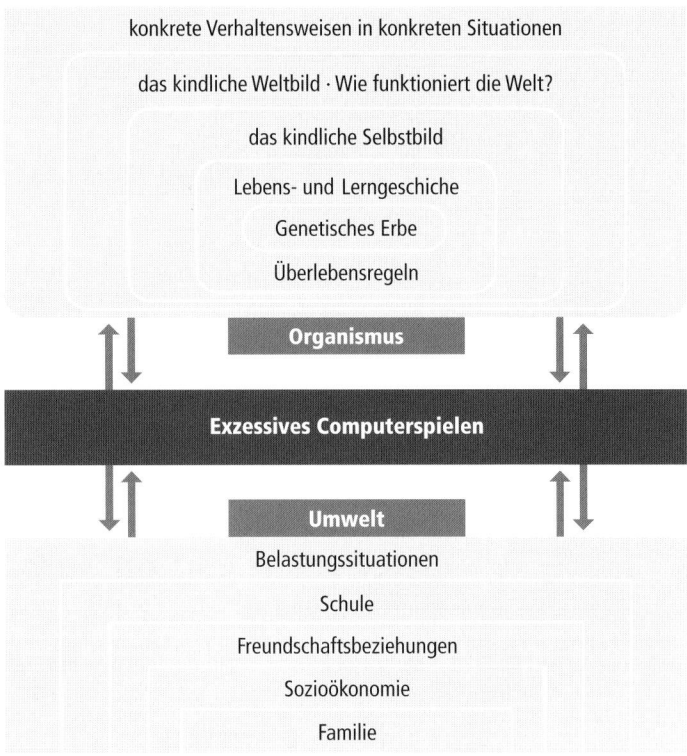

Abbildung 5.1:
Ursachen-Wirkungs-
modell der
Computerspielsucht

6. Wie erkenne ich, ob mein Kind computerspielsüchtig ist?

Bislang gibt es eine Vielzahl an psychometrischen Instrumenten beziehungsweise diagnostische Verfahren (das heißt Fragebögen, Checklisten u. ä.), die überwiegend in Anlehnung an die Merkmale der Substanzabhängigkeit (s. Kapitel 4.1, Kasten 4.1.4) sowie des krankhaften Glücksspiels (s. Kapitel 4.1, Kasten 4.1.5) aufgebaut worden sind (für eine Übersicht s. Grüsser & Thalemann, 2006). Es existiert bislang keine einhellig akzeptierte Definition, ab wann ein Computerspielverhalten als pathologisch (also krankhaft, hier: süchtig) einzustufen ist. Die vorgeschlagenen Merkmale für süchtiges Computerspielverhalten sind in Kapitel 4.2, Kasten 4.2.1 aufgelistet.

Im Folgenden soll Ihnen ein für Sie gut anwendbares, informelles Arbeitsmittel in die Hand gegeben werden, mit dem Sie feststellen können

- *ob* ein problematisches Computerspielverhalten bei Ihrem Kind objektiv vorliegt oder nicht,
- *welche* Stärken Ihr Kind mitbringt,
- *warum* Ihr Kind exzessiv spielt, das heißt welche Funktionalität des Computerspielens bei Ihrem Kind zu vermuten ist (z.B. Zusammenhänge zwischen Stimmung und Computerspielen),
- *welche* Einflussmöglichkeiten Erfolg versprechen (in der Familie/ durch professionelle Hilfsangebote).

6.1 Kopiervorlage: Kriterienkatalog zur Verhaltensbeobachtung in der Familie

Die Kopiervorlagen in diesem Buch können auch im Internet unter www.verlag-hanshuber.com/downloads/computerspielsucht im PDF-Format heruntergeladen werden.

Kopiervorlage 1 zur Verhaltensbeobachtung (Eltern)

1. Aktivitäten und Hobbys

Beobachtung:
Nennen Sie bitte die Lieblingsaktivitäten Ihres Kindes, abgesehen von Computerspielen
(z. B. Sportarten, Gesellschaftsspiele, Musikinstrumente usw.).
Wie viel Zeit wendet Ihr Kind für diese Aktivität verglichen mit dem Computerspielen auf?

Bitte hier eintragen:	**weniger**	**gleich viel**	**mehr**
a)	☐	☐	☐
b)	☐	☐	☐
c)	☐	☐	☐

Haben Sie Ihrem Kind **Arbeiten und Pflichten** im Haushalt aufgetragen?

☐ ja   ☐ nein (weiter zu 2.)

Wenn ja, erfüllt Ihr Kind wegen des Computerspielens diese Aufgaben weniger sorgfältig als früher?

☐ ja   ☐ nein

2. Gesundheit

Beobachtung:

Wie wichtig sind Ihrem Kind . . .	**nicht wichtig**	**wichtig**
a) . . . ausreichend **Schlaf** (ca. 8 Stunden pro Nacht)?	☐	☐
b) . . . gesunde **Ernährung** (vor allem regelmäßige Mahlzeiten)?	☐	☐
c) . . . **Sport** (oder Bewegung im Freien)?	☐	☐

3. Erkennungsmerkmale für exzessives Computerspielverhalten

Dieser Abschnitt befasst sich im engeren Sinne mit der Feststellung, ob ein exzessives Computerspielverhalten in einer krankhaften, das heißt süchtigen Form vorliegt.

Dieser Abschnitt besteht aus zwei Teilen:

– Bitte lassen Sie den **Teil 3a von Ihrem Kind** ausfüllen. Achten Sie darauf, dass keine Aussage
  ausgelassen wird.
– **Teil 3b** füllen **Sie selbst** aus; dort geben Sie bitte Ihre Einschätzung des Computerspielverhaltens
  Ihres Kindes an.

Kopiervorlage 2 zur Verhaltensbeobachtung (Kind)

3a. Beschreibe dein Computer- und Videospielverhalten

Hier ist **deine** Einschätzung gefragt! Welche der folgenden Sätze beschreiben dein Computer- und Videospielverhalten am besten? Es gibt keine richtige oder falsche Lösung. Kreuze einfach an, was für dein Computerspielverhalten am besten zutrifft und lasse keinen Satz aus!

		stimmt	stimmt nicht
1.	Ich spüre meistens einen starken Wunsch, am Computer zu spielen.	☐	☐
2.	Ich spiele oft länger als ich mir vorgenommen habe oder mit meinen Eltern abgesprochen war.	☐	☐
3.	Ich muss jetzt länger als am Anfang spielen, damit es sich für mich lohnt.	☐	☐
4.	Ich fühle mich schlecht und nervös, wenn ich nicht am Computer spielen kann.	☐	☐
5.	Ich finde es gut, dass ich unangenehme Gefühle wie Ärger und Trauer beim Computerspielen vergessen kann.	☐	☐
6.	Ich denke eigentlich immer an Computerspiele, auch wenn ich mich auf anderes konzentrieren sollte (z. B. in der Schule).	☐	☐
7.	Wenn ich nicht am Computer spiele kann, fällt mir nichts anderes ein, was ich gerne machen möchte.	☐	☐
8.	Ich glaube, dass mein Computerspielverhalten normal ist.	☐	☐

Kopiervorlage 3 zur Verhaltensbeobachtung (Eltern)

3b. Beschreiben Sie das Computerspielverhalten Ihres Kindes

Beobachtung durch die Eltern:
Stimmen Sie den beiden folgenden Feststellungen zu oder nicht?

		stimmt	stimmt nicht
9.	Der ganze Tag meines Kindes ist auf das Computerspielen ausgerichtet. Wenn etwas dazwischen kommt, was das Computerspielen verhindert, verkraftet mein Kind das nur schlecht.	☐	☐
10.	Wegen des Computerspielens hat mein Kind Nachteile in der Schule, wenige Freunde oder Gesundheitsprobleme. Trotzdem ändert mein Kind sein Computerspielverhalten nicht.	☐	☐

4. Bewältigung von Stress

Beobachtung durch die Eltern:
Wie geht Ihr Kind gewöhnlich mit Stress um?

Mein Kind . . .		stimmt	stimmt nicht
1.	. . . versucht, der Belastungssituation zu entgehen (bleibt passiv, stellt sich eventuell krank oder Ähnliches).	☐	☐
2.	. . . unternimmt etwas, um das Problem zu lösen (Rat bei anderen suchen, Problem ansprechen oder Ähnliches).	☐	☐
3.	. . . reagiert aggressiv.	☐	☐
4.	. . . entspannt sich (Musik, Baden usw.).	☐	☐
5.	. . . sagt sich «Das ist alles gar nicht so schlimm!» oder macht Witze.	☐	☐

Fragen Sie Ihr Kind zusätzlich:
«Was hilft dir am besten, wenn Du Stress hast? Was machst du dann?»

Antwort des Kindes:

. . . .

. . . .

. . . .

Kopiervorlage 4 zur Verhaltensbeobachtung (Eltern)

5. Soziale Kontakte Ihres Kindes

Beobachtung durch die Eltern:
Wie beschreiben Sie Ihr Kind im Vergleich zu Gleichaltrigen?

Mein Kind . . .	stimmt	stimmt nicht
1. . . . ist hilfsbereit.	☐	☐
2. . . . ist offen und beliebt bei anderen.	☐	☐
3. . . . hat gute Freunde.	☐	☐
4. . . . redet und unternimmt gerne etwas mit anderen.	☐	☐
5. . . . zieht sich eher zurück.	☐	☐
6. . . . hat es schwer, soziale Kontakte zu knüpfen.	☐	☐

6. Reaktion des Kindes auf Computerspielverbote

Beobachtung durch die Eltern:
Wie reagiert Ihr Kind auf Einschränkungsversuche bezüglich des Computerspielens?

Mein Kind . . .	stimmt	stimmt nicht
1. . . . macht irgendetwas anderes.	☐	☐
2. . . . verbal aggressiv.	☐	☐
3. . . . handgreiflich aggressiv (beschädigt Einrichtungsgegenstände oder greift Sie an).	☐	☐
4. . . . niedergeschlagen, kraftlos.	☐	☐
5. . . . äußert Hoffnungslosigkeit (bezogen auf die Zukunft).	☐	☐
6. . . . diskutiert, bleibt dabei sachlich.	☐	☐

6.2 Entscheidungshilfe: Wie kann ich meinem Kind am besten helfen?

Wenn Sie der Meinung sind, dass Ihr Kind computerspielsüchtig ist, stehen Sie vor einer Reihe schwieriger Entscheidungen: Können Sie das Problem aus eigener Kraft innerhalb der Familie lösen oder ist es ratsam, professionelle Hilfe in Anspruch zu nehmen? Wie weit würden Sie gehen, wenn Ihr Kind nicht mit professioneller Hilfe einverstanden ist?

Die Entscheidung kann Ihnen keiner abnehmen! Im Folgenden sollen jedoch einige Hinweise gegeben werden. Dazu bitten wir Sie, die gewonnenen Informationen aus dem «Kriterienkatalog zur Verhaltensbeobachtung in der Familie» als Anregungen zu betrachten, über das Ausmaß, die Folgen und Funktion des Computerspielens bei Ihrem Kind nachzudenken. Neben den engeren Kernkriterien für ein exzessives krankhaftes Computerspielverhalten haben wir auch andere wesentliche Beobachtungsschwerpunkte aufgeführt, die zu einer genaueren Einschätzung des Computerspielverhaltens in der Lebenswelt Ihres Kindes beitragen können.

Teil 1: Aktivitäten/Hobbys

Wenn Ihr Kind neben dem Computerspielen noch andere Hobbys hat, für die es vielleicht sogar genauso viel Zeit aufwendet, müssen Sie sich vermutlich keine Sorgen machen (vergleichen Sie hierzu die Bestimmungsmerkmale des exzessiven Computerspielens sehr aufmerksam). Auch wenn Ihnen das Computerspielverhalten abnorm vorkommt (weil Sie es nicht so lange vor dem Bildschirm aushalten würden), verfolgt Ihr Kind noch andere Interessen, was zunächst *gegen* die Diagnose eines krankhaften Computerspielverhaltens spricht!

Hat sich die Sorgfalt bei Aufgaben im Haushalt durch das Computerspielverhalten verschlechtert? Wenn Ihr Kind noch nie im Haushalt geholfen hat ist das schade, hat aber nichts mit krankhaftem Computerspielen zu tun. Anders liegt der Fall, wenn Ihr Kind die Aufgaben nun einfach vergisst, weil es den ganzen Tag vor dem Computer sitzt…

Merke: Wesentlich ist eine Änderung früherer Verhaltensweisen, Gewohnheiten und Interessen aufgrund des übermäßigen Computerspielens!

Teil 2: Gesundheit

Die erfragten gesundheitlichen Aspekte sind erfahrungsgemäß die kritischen Bereiche bei krankhaft exzessiv computerspielenden

Heranwachsenden. Vernachlässigt Ihr Kind Schlaf und Ernährung um länger spielen zu können? Spielt es bis in die Nacht und hat am nächsten Morgen Probleme wach zu werden? Schlingt Ihr Kind das Essen herunter oder erscheint erst gar nicht zu Mahlzeiten? Geht es überhaupt nicht mehr nach draußen, sondern nutzt jede freie Minute zum Computerspielen?

Achtung: Wenn Ihr Kind noch nie gerne draußen gespielt hat, ist die Weigerung nicht unbedingt auf das Computerspielen zurückzuführen!

Auch hier gilt: Bedenklich ist erst eine deutliche Veränderung der gesundheitsbezogenen Verhaltensweisen infolge eines übermäßigen Computerspielverhaltens!

Teil 3: Bestimmungsmerkmale für ein exzessives Computerspielen

Betrachten Sie bitte die Aussagen 1 bis 4 (in Teil 3a) sowie 9 und 10 (in Teil 3b). Wenn *drei oder mehr* der Aussagen mit «stimmt» beantwortet wurden (darunter unbedingt Frage 1!), erfüllt Ihr Kind rein formal ausreichend Kriterien für eine «Diagnose» des krankhaften exzessiven Computerspielens. Allein diese Kriterien reichen nicht aus, um eine Computerspielsucht mit Sicherheit zu diagnostizieren. Auf alle Fälle liefern sie wichtige und deutliche Hinweise darauf, dass Ihr Kind in Bezug auf sein Computerspielverhalten gefährdet sein könnte.

Merke: Hat Ihr Kind trotz drei oder mehr Zustimmungen bei den suchtrelevanten Merkmalen angeben, sein Computerspielverhalten «normal» zu finden (Frage 8), müssen Sie davon ausgehen, dass Ihr Kind zusätzlich eine sehr verzerrte Wahrnehmung vom eigenen Verhalten hat; diese Verzerrung ist typisch für eine Sucht!

Die Fragen 5 und 7 geben Ihnen einen Hinweis auf eine mögliche zweckentfremdete Funktion des Computerspielens zur Stimmungsregulation und liefern zusätzlich starke Hinweise für ein krankhaftes Computerspielverhalten, ebenso wie die Frage 6!

Teil 4: Bewältigung von Stress

Dieser Teil besteht aus Ihrer Einschätzung der Stressbewältigung und einer freien Antwort Ihres Kindes. Er soll Ihnen helfen, sich darüber Klarheit zu verschaffen, welche Bewältigungsstrategien Ihr Kind bei der Verarbeitung von Belastungen vorrangig einsetzt. Wir unterscheiden positive und negative Stressbewältigungsstrategien:

Positive Stressbewältigungsstrategien
- problemlösend
- verharmlosend (im Gegensatz zum Dramatisieren und Katastrophisieren, daher eher günstig)
- aktiv entspannend (im Gegensatz zur passiven Vermeidung).

Negative Stressbewältigungsstrategien
- ablenkend-vermeidend (passiv)
- hilflose Aggression.

Ordnen Sie bitte die freie Antwort Ihres Kindes dem positiven oder negativen Bereich zu!

Wie bewältigt Ihr Kind Probleme und Stress? Neigt es zu passiver Vermeidung oder aggressiver Hilflosigkeit? Kann diese Tendenz im Zusammenhang mit einem exzessiven Computerspielverhalten stehen?

Ist Ihr Kind eher robust und bearbeitet Probleme aktiv, fragt Freunde oder Sie um Rat? Oder macht es sich über Belastungen lustig und geht eher unbeeindruckt mit dem Stress um? Kann es sich vielleicht sogar aktiv entspannen um sich zu beruhigen? Wie stellt sich das Computerspielverhalten Ihres Kindes in diesem Zusammenhang für Sie dar? Bedeutet es schlichtweg Spaß oder ist es ein zweckentfremdetes Verhalten?

Teil 5: soziale Kontakte

Diese Frage nach der Qualität und Häufigkeit sozialer Kontakte zu Gleichaltrigen ist im Zusammenhang der Bewertung des Computerspielverhaltens sehr wichtig. Findet Ihr Kind schnell Anschluss und ist es eher beliebt? Oder muss Ihr Kind Hänseleien verkraften oder traut sich einfach nicht, Kontakte mit anderen zu knüpfen? Hat es Angst vor Zurückweisung? Überlegen Sie, welche Zusammenhänge Sie hier mit dem Computerspielverhalten Ihres Kindes sehen!

Teil 6: Reaktion auf Computerspielverbote

Wenn Eltern Ihren Kindern das Computerspielen verbieten oder zumindest das Ausmaß einschränken möchten, sehen sie sich ganz unterschiedlichen Reaktionen seitens ihrer Kinder ausgesetzt. Sie werden wohl nie auf Begeisterung stoßen, jedoch können die kindlichen Verhaltensweisen in einer solchen Situation in angemessene und unangemessene Reaktionen unterteilt werden:

Wenn es keine größeren Auseinandersetzungen zwischen Ihnen gibt und Ihr Kind bei Einschränkung des Computerspielens zum Beispiel *angemessen durch das Aufnehmen einer anderen Beschäftigung reagiert, scheint kein krankhaftes Computerspielverhalten vorzuliegen!*

Reagiert Ihr Kind aggressiv-beleidigend oder bedroht Sie? Beschädigt es vielleicht sogar Dinge oder greift jemanden körperlich an? Dann ist das auf keinen Fall normal und Sie sollten in jedem Falle professionelle Hilfe in Anspruch nehmen! Je nach Schweregrad kann eine ambulante Behandlung in einer psychotherapeutischen Praxis oder ein stationärer Aufenthalt in der Kinder- und Jugendpsychiatrie in Frage kommen.

Wirkt Ihr Kind depressiv, zurückgezogen oder ängstlich und verzweifelt beim Ausschalten des Computers, ist dies auf jeden Fall ein Warnsignal! Auch hier sollten Sie professionelle Therapieangebote in Betracht ziehen.

Merke: Wenn Ihr Kind von der Absicht spricht, sich zu verletzten oder das Leben zu nehmen, ist sofort eine kinder- und jugendpsychiatrische Klinik aufzusuchen und diese Absicht anzugeben! Im Volksmund wird oft behauptet: Wer darüber spricht, sich umzubringen, tut es doch nicht. **Dies ist nicht wahr!**
Haben Sie keine Sorge, dass sich jemand lustig über Ihre Bedenken wegen des Computerspielverhaltens macht: die Ärzte wissen, dass es um das Leben Ihres Kindes geht!

7. Was kann ich für mein Kind tun, damit es sein Computernutzungsverhalten ändert?

Wenn Sie den Entschluss gefasst haben, selbst an der Verhaltensänderung Ihres Kindes mitzuarbeiten, dann kann Ihnen dieser Ratgeber nützliche Hinweise zum Handeln in der Familie geben.

Jedoch kann und will dieser Ratgeber keine Therapie ersetzen!

Sollten Sie bereits zusätzlich professionelle Hilfe in Anspruch genommen haben, dann sind die kommenden Seiten auch in soweit gewinnbringend, dass Sie ergänzende Informationen für den Umgang mit Ihrem computerspielsüchtigem Kind erhalten.

Im Folgenden sollen Möglichkeiten der Vorbeugung und Einflussnahme auf das Computerspielverhalten bei Kindern und Jugendlichen vorgestellt werden, wobei in einem ersten Schritt vor allem die Kommunikation mit dem Kind im Vordergrund steht.

Vermutlich wiederstrebt Ihrem exzessiv spielenden Kind eine von Ihnen gewünschte Verhaltensveränderung in Bezug auf sein Computerspielverhalten erst einmal. So erscheint es für das Kind wie eine Bedrohung, wenn ihm das bevorzugte Mittel, das ihm Spaß macht beziehungsweise ihm hilft, seine Gefühle zu regulieren, entzogen werden soll beziehungsweise der Umgang damit reduziert werden soll. Wie in Kapitel 4.4 beschrieben, verlernt das süchtige Kind, sich durch alternative Strategien Spaß zu verschaffen beziehungsweise entsprechend mit erregenden Gefühlen adäquat umzugehen und Stress zu verarbeiten. So werden andere Verhaltensweisen als wenig befriedigend oder belohnend empfunden, da auch die entsprechenden (für Belohnung zuständigen) Hirnstrukturen nicht mehr genügend durch sie aktiviert werden. Stellen Sie sich vor, alles was Ihnen Spaß macht wird Ihnen untersagt! Ungefähr so wirkt ein Verbot von Computerspielen oder die Forderung nach einer Reduktion der Computerspielzeit auf das exzessiv computerspielende Kind. Daher müssen sich Eltern im Umgang mit ihren exzessiv spielenden Kindern bewusst sein:

Jegliche Änderungswünsche in Bezug auf die Computernutzung seitens der Eltern wirken für das Kind erst einmal bedrohlich!

7.1 Wie spreche ich mit meinem Kind über sein Computernutzungsverhalten? Ratschläge für die Kommunikation mit dem Kind

Unsere eindringliche Bitte: Falls Ihr Kind sich in einer laufenden therapeutischen Behandlung befindet, sprechen Sie Eigeninitiativen oder Maßnahmen unbedingt mit dem Psychotherapeuten Ihres Kindes ab!

Bevor wir uns mit konkreten Methoden der Verhaltensänderung beschäftigen, bleibt zu klären, wohin die Anwendung der Methoden führen soll, oder wie sich das Computerspielverhalten Ihres Kindes konkret verändern soll.

Die Antwort auf die Frage fällt im Bereich der «klassischen» Therapie bei Abhängigkeit von legalen wie illegalen Drogen meist eindeutig aus: Abstinenz (lat. abstinentia = Enthaltsamkeit) soll das Ziel sein. Dennoch gibt es etwa bei der Alkoholismustherapie traditionell auch Ansätze, die ein kontrolliertes Trinkverhalten zum Ziel haben.

Für die verschiedenen Formen der Verhaltenssucht (z. B. exzessives Computerspielen, Kaufen, Sex) kann im Allgemeinen nicht die Enthaltsamkeit beziehungsweise das Aufgeben des Verhaltens angestrebt werden, da es sich um die krankhaft übertriebene Ausprägung eines ursprünglich normalen und sinnvollen, im Alltag fest verankerten Verhaltens handelt. Beim Computerspielen handelt es sich zunächst auch um eine Form des Spiels, die sich lediglich durch die Kind-Maschine-Interaktion vom traditionellen sozial eingebetteten kindlichem Spiel abhebt. Bisherigen Erfahrungen mit betroffenen Heranwachsenden zeigen weiterhin, dass Verbote zu Hause, die eigentlich eine günstige Beeinflussung auf das exzessive Computerspiel in Form einer Einschränkung haben sollen, oftmals gegenteilig wirken oder hinderlich sind. Besonders technische Beschränkungen (z. B. eine Zeitschaltuhr für die Stromversorgung, das Verstecken des DSL-Modems etc.) zeigen meist nicht den gewünschten Effekt. Die Gründe für den Misserfolg sind mannigfach (s. **Kasten 7.1**).

Bevor sich nun die weiteren Überlegungen der Frage «Wie ist eine günstige Beeinflussung des exzessiven Computerspielverhaltens durchsetzbar?» widmen, muss die Zielstellung deutlich gemacht werden: Was soll erreicht werden? Was soll sich bei Ihrem exzessiv computerspielenden Kind verändern?

> **Kasten 7.1: Gründe, warum Computerspiel-Verbote oftmals fehlschlagen**
>
> - die elterliche Kontrolle ist (z. B. bei Berufstätigkeit) nicht permanent zu leisten
> - Heranwachsende sind oftmals viel versierter im Umgang mit Computertechnik als wir uns vorstellen können und umgehen technische Hindernisse leicht («Wo ein Wille ist, ist auch ein Weg!»)
> - außerhalb der Wohnung finden sich viele Gelegenheiten für Computerspiele (Freunde, Internetcafes, sogar Schulangebote)
> - es existieren keine klaren Regeln über den Umfang des erlaubten Spielens und die Konsequenzen bei Regelüberschreitungen, die betroffenen Kinder haben die Möglichkeit, Absprachen zu «dehnen»
> - das Spielen wirkt durch das Verbot oft nur noch reizvoller
> - Eltern reagieren nur halbherzig auf Regelverstöße, denn der Widerstand ihres Kindes ist massiv und sie verlieren die Energie.

Zielvorschläge

Das Kind soll

- einen angemessenen Umgang mit Computerspielen erlernen
- sich des Unterschiedes des normalen Computerspielverhaltens im Gegensatz zu der inadäquaten Nutzung des Computers bewusst werden
- nicht (zwangsläufig) ganz auf Computerspiele verzichten müssen, aber alternative Interessen entwickeln oder wiederentdecken
- eine bessere soziale Kompetenz im Umgang mit Konflikten erwerben.

Für den weiteren Verlauf der Handlungsvorschläge soll herausgestellt werden, dass die formulierten Ziele berechtigte Forderungen sind, die sich vorrangig ethisch aber auch im Sinne Ihrer elterlichen Aufsichts- und Sorgfaltspflicht begründen lassen. Generell ist die Berücksichtigung der Verhaltensregeln für die Durchsetzung berechtigter Forderungen (s. **Kasten 7.2**) empfehlenswert. Wenn Sie in Ihrer Sache unsicher wirken oder sich von Ihrem Kind in «Endlos-Diskussionen» verwickeln lassen, sinkt die Wahrscheinlichkeit eines Erfolges! Empfehlenswert ist ebenfalls, auf die Körpersprache zu achten. Sie sollten souverän «in den Ring steigen» – mit der Überzeugung, das Richtige zu tun.

> **Kasten 7.2: Berechtigte Forderungen durchsetzen**
>
> - konkretes, kurzes und eindeutiges Formulieren
> - keine persönlichen Angriffe
> - notfalls die Forderung wiederholen («Schallplatte-mit-Sprung-Technik»)
> - sich konsequent an die eigenen Vorgaben halten
> - bei Nachfragen seitens des Kindes nur kurze Erklärungen anbieten
> - keine Diskussionen
> - Blickkontakt halten
> - sicheres Auftreten (Körperhaltung zugewandt, ernster Gesichtsausdruck, ruhige Gestik).

Im Folgenden werden noch einige grundlegende Regeln für den Umgang mit dem computerspielsüchtigen Kind empfohlen, um die evtl. vorhandenen «verhärteten Fronten» in Bezug auf das Computernutzungsverhalten zwischen Kind und Eltern aufzubrechen.

Trotzdem man sich solche Regeln bewusst macht und um sie weiß, fällt es jedoch nicht immer leicht, in emotional erregenden Situationen (z. B. beim Ärger darüber, dass das Kind wieder spielt und nicht gehorcht hat) hilfreiche Kommunikationsmuster in den Vordergrund zu stellen. Im Gegenteil, häufig birgt die Art der dann angewendeten Kommunikationsform sogar die Gefahr einer Eskalation (*«Was? Das ist ja unglaublich! Sitzt Du etwa immer noch vor dem Computer?* »).

Was ist Kommunikation?

Man kann nicht nicht (sic!) kommunizieren (Watzlawick, 2000)

Was heißt das? Wir kommunizieren immer, auch wenn wir uns verbal nicht äußern. Lautsprachliche Botschaften setzen sich aus verbalen und nicht-verbalen (z. B. körpersprachlichen) Anteilen zusammen; fällt der verbale (lautsprachliche) Anteil der Botschaft weg, kommuniziert man immer noch auf der non-verbalen Ebene (z. B. durch Mimik, Körperhaltung oder Blickkontakt).

Das vereinfachte Prinzip der Kommunikation lässt sich folgendermaßen beschreiben: der Sender teilt etwas mit, der Empfänger muss die Botschaft entschlüsseln. Jedoch senden und empfangen wir auf unterschiedlicher Ebene. So kann zum Beispiel eine sachlich gesendete Information als ein emotionales Ärgernis empfangen werden. Der Empfänger reagiert dann in Abhängigkeit von seiner psychischen Verfassung entsprechend unerwartet auf die Nachricht.

Senden wie Empfangen gelingt im Allgemeinen mal mehr oder mal weniger gut. Ein gutes Zuhören setzt voraus, dass der Empfänger offen für sein Gegenüber und fähig zur Perspektivenübernahme ist.

Dieses kann nicht der Fall sein wenn einer der Gesprächspartner

- alles sofort besser weiß
- sofort anfängt zu interpretieren
- sofort ein Werturteil abgibt.

*Vielleicht haben Sie selbst auch schon einmal erlebt, wie anstrengend es sein kann, wenn ein Gesprächspartner anscheinend bereits alles weiß, sofort anfängt zu interpretieren oder ein Werturteil abgibt. Versetzen Sie sich bitte in die Perspektive Ihres Kindes und fragen Sie   sich ehrlich, was Sie an dessen Stelle tun würden, wenn das Thema wieder auf Computerspiele kommt? (s. **Kasten 7.3**)*

Kasten 7.3: Kommunikationsbeispiele

Beispiel einer weniger einfühlsamen Haltung der Eltern

Jugendlicher (J) sitzt am Computer beim Spielen, Elternteil (E) kommt ins Zimmer, stellt sich daneben.

E: Das kann doch nicht wahr sein! Du spielst ja schon wieder! Wie oft habe ich Dir gesagt, dass Schluss ist mit dem Spielen? Willst Du vor der Kiste noch völlig verblöden?

J: Man, nee…

E: Na also! Dann höre gefälligst auf damit! Ich hab es Dir schon tausendmal gesagt … ich schmeiße den Rechner einfach weg, wenn sich das nicht ändert!

J: Aber Ihr habt mir den Rechner zu Weihnachten geschenkt!

E: Ist mir egal! Es reicht, verstanden?

J: (seufzt)

E: Was ist jetzt? Oma ist zu Besuch, Du kommst jetzt gefälligst an den Kaffeetisch…

J: Wenn ich mit Euch Kuchen esse, darf ich danach das Level zu Ende spielen?

E: (zögert) Hm na gut, dann komm jetzt aber … mach doch auch mal Oma 'ne Freude … die wartet doch unten

J: (gedehnt) … jaaa, gleich…

Beispiel einer einfühlsam zugewandten Haltung der Eltern

Jugendlicher (J) sitzt am Computer beim Spielen, Elternteil (E) kommt ins Zimmer und möchte sich neben den Jugendlichen setzen.

E: Ah, Du spielst … darf ich mich neben Dich setzen und zugucken?

J: (stutzt): Von mir aus … wenn es sein muss

E: Was machst Du da gerade genau?

J: Na, spielen

E: Ja, das sehe ich … aber was musst Du da genau machen, welche Schwierigkeiten musst Du da gerade meistern?

J: … (erklärt)

E: Puh, das ist ja ganz schön schwierig … oh schade, nun bist Du tot! … Warte bitte einen Augenblick, bevor Du weitermachst. Ich möchte wissen, warum Du soviel Zeit vor dem Computer verbringst

J: Hä?

E: Ich möchte gerne wissen, was Dich daran so fasziniert…

J: Das verstehst Du doch eh nicht!

E: Wie kommst Du darauf?

J: Ihr meckert doch immer gleich rum!

E: Du denkst, wir wollen Dich nicht verstehen?

J: Ja, genau!

E: Erklärst Du es mir trotzdem?

J: Warum könnt Ihr mich nicht einfach in Ruhe lassen?

E: Wir machen uns Sorgen um Dich…

J: Na, danke schön!

E: Ich habe das Gefühl, Du kannst gar nicht mehr aufhören…

J: So ein Quatsch

E: Wie meinst Du das?

J: Natürlich könnte ich jederzeit aufhören!

E: Jetzt gleich?

J: Ja, sicher

E: Das würde mich freuen, komm' wir speichern den Spielstand und dann gehen wir runter zu Oma…

J: Kein Problem

In den beiden kurzen Sequenzen offenbart sich ein unterschiedlicher Kommunikationsstil, während im ersten Beispiel die Hilflosigkeit des Elternteils dominiert, die wenig Basis für eine Verbesserung der Beziehung und des Verhaltens bietet (der «Kuhhandel» ist deutlich geworden), bahnt sich im zweiten Fall eine Beziehungsverbesserung zwischen Elternteil und Jugendlichem an. Es zeigte sich aber auch, dass die Situation «Jugendlicher vor dem Computer, Elternteil im Zimmer, Oma wartet unten» kein günstiger Zeitpunkt ist, das problematische Computerspielverhalten im Ganzen zu analysieren. Dazu empfiehlt sich selbstverständlich ein Gespräch ohne zeitlichen Druck und ablenkendes Computerspiel.

Nehmen Sie sich Zeit, mit Ihrem Kind zusammen dessen Argumente zum Beispiel für das Computerspielen zu besprechen. Dabei empfehlen sich besonders bei Gesprächen mit älteren Kindern und Jugendlichen die Regeln des aktiven Zuhörens (**s. Kasten 7.4**).

Achtung! Diese Regeln hören sich jedoch leichter an, als sie sind. Oft genug ist uns gar nicht bewusst, wie stark wir versuchen, das Gespräch in unsere Bahnen zu lenken, unsere (elterlichen!) Wertvorstellungen einzubringen und allem zu widersprechen, was wir nicht möchten beziehungsweise akzeptieren können!

Es sei darauf hingewiesen, dass Ihr Kind vermutlich irritiert sein wird, dass seinem Hobby hier auf ganz andere Art und Weise Raum gegeben wird als sonst. Nutzen Sie die Situation! Zeigen Sie

---

Kasten 7.4: Regeln des aktiven Zuhörens

- schenken Sie ihrem Kind die volle Aufmerksamkeit (direkter Blickkontakt, Zuwendung durch Ihre Körperhaltung, nicken)
- verzichten Sie auf alles, was Ihr Kind von sich und seiner Darstellung ablenken könnte
- steuern Sie nicht das Gespräch, sondern greifen Sie nur Themen auf, die von Ihrem Kind bereits angeschnitten wurden
- lassen Sie Ihr Kind grundsätzlich ausreden
- geben Sie keine Werturteile über die Äußerungen Ihres Kindes und halten Sie sich mit Ihrer eigenen Meinung zurück
- widersprechen Sie Ihrem Kind nicht
- fassen Sie die Äußerungen Ihres Kindes gelegentlich mit eigenen Worten zusammen (doch übertreiben Sie es nicht)
- versuchen Sie, die hinter den Äußerungen liegenden Gefühlsbotschaften des Kindes herauszuarbeiten (z. B. «ich fühle mich einsam», «ich habe Angst, mich vor anderen zu blamieren», «ich vergesse meine Sorgen beim Spielen»)
- «spiegeln» Sie Ihrem Kind diese Gefühlsbotschaften mit Ihren eigenen Worten (doch Vorsicht: nicht zu häufig, sonst wird es theatralisch)
- verpacken Sie eine negative Botschaft (Verbot) in zwei positive Botschaften («Sandwich-Technik», z. B. «Es ist schönes Wetter, hör auf zu spielen, lass uns zusammen etwas Schönes unternehmen»)
- vertreten Sie sich im Gespräch selber (formulieren Sie «ich» anstelle «man»)
- betonen Sie eher die Anwesenheit von etwas (positivem) als die Abwesenheit.

ein aufrichtiges Interesse an seinen Gründen, immens viel Zeit vor dem Computer zu verbringen. Einerseits erfährt Ihr Kind eine Wertschätzung (es wird ernst genommen) und andererseits können Sie ohne dieses Wissen die individuelle Funktion des Computerspiels nicht erfassen: ohne Grund spielt Ihr Kind sicherlich nicht exzessiv!

Dabei beachten Sie bitte die Regeln des aktiven Zuhörens, das heißt, selbst wenn die von Ihrem Kind vorgebrachten Gründe Ihnen vollkommen unverständlich erscheinen, werten Sie diese bitte nicht ab, sondern fassen sie diese mit eigenen Worten wertfrei zusammen und bekunden Sie Ihr Verständnis.

In dieser Situation sind Sie als aktiver Zuhörer aufgerufen, Ihr Kind zu verstehen, nicht zu verurteilen!

Mit diesem ersten entscheidenden Schritt auf Ihr Kind zu ebnen Sie den Weg für eine erfolgreiche Umsetzung der angestrebten Verhaltensänderung bei ihrem Kind!

7.2 Die Kosten-Nutzen-Analyse des Computerspielens

Vermutlich sehen vorrangig Sie – die Eltern – und nicht Ihr Kind das exzessive Computerspielverhalten als problematisch an. So wird Ihr Kind unter Umständen vollkommen anderer Meinung sein. Zur Aufdeckung der Motive und Sichtweise Ihres Kindes scheint es daher sinnvoll, gemeinsam mit Ihrem Kind eine Kosten-Nutzen-Analyse des Computerspielverhaltens zu erstellen.

Sammeln Sie dazu mit Ihrem Kind zusammen die Argumente für und gegen das Computerspielen. Diese könnten zum Beispiel sein wie in **Tabelle 7.2.1**.

Anschließend sollten Sie unbedingt eine weitere Tabelle mit den Vor- und Nachteilen des *Verzichtes* auf Computerspielen erstellen (s. Tab. 7.2.2)!

Tabelle 7.2.1: Argumente für und gegen das Computerspielen

Wenn ich am Computer spiele…	
Pro	**Contra**
■ habe ich Spaß	■ schaffe ich meine Hausaufgaben nicht mehr
■ kann ich entspannen	■ schlafe ich zu wenig
■ habe ich mit Freunden etwas Gemeinsames	■ vernachlässige ich andere Hobbys
■ …	■ …

Tabelle 7.2.2: Argumente für und gegen den Verzicht auf Computerspiele

Wenn ich nie mehr am Computer spiele…	
Pro	**Contra**
■ habe ich mehr Zeit für andere Dinge	■ fehlt mir etwas
■ verstehe ich mich mit meinen Eltern wieder besser	■ finden mich meine Freunde vielleicht komisch
■ tut das meiner Gesundheit gut (Augen, Schlaf)	■ langweile ich mich
■ …	■ …

Anhand einer solchen Aufstellung erhalten Sie ein wertvolles Bild über die Vorstellung Ihres Kindes zum individuellen Nutzen des Spielens und des Erkennens von Nachteilen. Ihr Kind wird weiterhin angeregt, eine Perspektive seines Lebens ohne exzessives Computerspielen zu entwickeln.

Bei der Aussicht, die Computerspieldauer zu reduzieren beziehungsweise das Computerspielen ganz aufzugeben stellen sich für Ihr exzessiv spielendes Kind vermutlich folgende Fragen:

- Was bedeutet der Verzicht auf das Computerspielen für mich?
- Was kann ich ansonsten machen/spielen?
- Ist nicht alles andere langweilig?
- Will ich das?
- Schaffe ich das?

Für Sie als Eltern stellen sich vermutlich die Fragen:

- Wie überzeuge und helfe ich meinem Kind bei der Verhaltensänderung?
- Was braucht es, um es zu wollen?
- Was braucht es, um es zu schaffen?
- Was brauche ich, um es zu schaffen?

7.3 Wie verstärken Sie ein positives Verhalten?

Im Bereich der Verhaltenstherapie werden häufig so genannte «Verstärkerpläne» eingesetzt. Sie sollen auf den nächsten Seiten mit den Grundzügen des Konzeptes vertraut gemacht werden, weil diese Methode erwiesenermaßen wirksam ist und zudem speziell auf die Anwendung im familiären Umfeld ausgerichtet ist (s. **Kasten 7.3.1**).

Kasten 7.3.1: Welche Möglichkeiten der Verhaltensverstärkung stehen mir zur Verfügung?

- Soziale Verstärkung ist für den Umgang mit Kindern besonders wichtig: Aufmerksamkeit schenken, sich dem Kind zuwenden, Blickkontakt suchen, lächeln, loben, das (jüngere) Kind an sich drücken oder seine Hand eine Weile festhalten
- Materielle Verstärkung in Form von kleinen Aufmerksamkeiten. Tappen Sie nicht in die Falle wie der Vater, der seufzte: »Langsam gehen diese Verstärkungen ordentlich ins Geld und mir fällt langsam auch nichts mehr ein, womit ich meinen Sohn noch belohnen könnte!« Achtung! Es ist wichtig, dass Sie zusammen mit ihrem Kind sinnvolle Belohnungen entwickeln, zum Beispiel in Form von gemeinsamen Aktivitäten, die Ihrem Kind Spaß machen. Und auch hier gilt: was mit einem Besuch im Zoo oder bei McDonald's anfängt, soll nicht mit einem eigenen Flachbildfernseher für Ihr Kind enden!
- Symbolische Verstärker sind – zunächst vielleicht überraschend – therapeutisch sehr wirksam, obwohl sie keinen eigentlichen materiellen Wert besitzen: Büroklammern, Spielgeld oder -chips, auch gemalte Lachgesichter verfehlen ihre Wirkung nicht, wenn es darum geht «kleine» Erfolge Ihres Kindes zu belohnen. Wichtig ist hierbei, dass die gesammelten symbolischen Verstärker (tokens) nach einem vorher (!) vereinbarten «Wechselkurssystem» für etwas ungewöhnlich Reizvolles eingetauscht werden können: Sie kennen Ihr Kind am besten und werden zusammen mit ihm eine gute Wahl treffen (s. 7.3.1 Beispiel).

Merke: Es kommt nicht auf den Wert der Belohnungen an, sondern auf die Transparenz (Ihrem Kind muss klar sein, welche Aufgaben es hat und was es dafür erhält: Was wird von mir erwartet? Was bekomme ich für welche Leistung?) und die Konsequenz (alle Beteiligten sind verpflichtet, sich an die vereinbarten Regeln zu halten: Art der Belohnung, Zeit der Ausgabe und Erfüllung der Belohnung im zuvor vereinbarten Zeitrahmen). Andernfalls wird das ganze Vorhaben keinen Erfolg zeigen!!

7.3.1 Beispiel für einen Verstärkerplan:

Im Folgenden wird am Beispiel (s. **Kasten 7.3.2**) dargestellt, wie Eltern gemeinsam mit ihrem Kind das problematische Computerspielverhalten beeinflussen können und dem Zielverhalten (reduzierte Spielzeiten) näher kommen können.

Falldarstellung/Problemsituation

Maria (Name geändert), ein Mädchen von 9 Jahren und Tochter zweier berufstätiger Eltern, zeigte ein auffälliges Computernutzungsverhalten. Im Rahmen der Diagnostik wurde die Frage gestellt, was Maria tue, um glücklich zu sein. Maria: «Ich spiele mit (der) Nintendo(-Konsole), dann bin ich glücklich!»

Konflikte mit den Eltern gibt es vor allem dann, wenn Maria nach einer gewissen Zeit nicht mehr spielen oder fernsehen darf. Sie empfindet das als ungerecht, weil ihr Vater «auch den ganzen Tag fern sieht». Aus dieser Wahrnehmung heraus entwickeln sich für alle Beteiligten anstrengende Diskussionen über das Maß des Computerspielens und Fernsehens und es gibt Streit.

Kasten 7.3.2: Vorgehensweise für die Erarbeitung eines Verstärkerplans

1. Definition des Problemverhaltens
2. Festlegung des Zielverhaltens
3. Ermitteln der Grundkurve des Problem- und/oder Zielverhaltens
4. Kriterien für das Erteilen der Tokens
5. Ermittlung der Bedürfnisse, die durch das Computerspielen befriedigt werden
6. Festlegung der Eintausch-Verstärker und des Modus für den Erhalt der Eintauschverstärker
7. Phase der Verhaltensänderung
8. Erstellen der Häufigkeitskurve des Zielverhaltens.

---

1. Definition des Problemverhaltens

Aus der Perspektive des Kindes: Es existieren keine Absprachen, wie lange gespielt werden darf. Die Entscheidung, «nun ist aber Schluss!» kommt für Maria unerwartet. Sie protestiert gegen das Verbot und bezieht sich auf das Modell des Vaters. Das Verbot, weiter zu spielen, kommt einer Bestrafung (= Entzug der Belohnung, da Videospielen Spaß und Maria glücklich macht) gleich.

Aus der Perspektive der Eltern: Maria widersetzt sich der Autorität der Eltern und diskutiert lange herum, anstelle zu gehorchen. Die Eltern haben jedoch aus ihrer Verantwortung heraus berechtigte Einwände gegen ein übermäßig langes Videospielen.

2. Festlegung des Zielverhaltens

Maria soll akzeptieren, dass sie die Videospielkonsole für eine gewisse Zeit nutzen darf, ein unkontrolliertes Spielen (über diese Zeitvorgabe hinaus) aber nicht erlaubt ist. Wenn die vereinbarte Zeit für das Spielen abgelaufen ist, muss sie die Videospielkonsole auf Anweisung ihrer Eltern ausschalten (in der Perspektive auch selbständig ohne Anweisung der Eltern).

Merke: Wir müssen dem Kind auch eine Belohnung für sein «Entgegenkommen» bieten, schließlich wird der alleinige Entzug von Computerspielzeit für sich allein zunächst als eine Strafe vom Kind wahrgenommen!

3. Ermitteln der «Grundkurve» des Problem- und/oder Zielverhaltens

Im Rahmen solcher Verhaltensprozesse ist es empfehlenswert und hilfreich, die Auftretenshäufigkeit des Problemverhaltens «übermäßiges Computerspielen» objektiv festzustellen. Sicherlich erfordert dieses einen zusätzlichen Arbeitsaufwand Ihrerseits, doch ist es notwendig und hilfreich. Zusätzlich sollten die Häufigkeit und Länge etwaiger Auseinandersetzung protokolliert werden – und ebenso die Auftretenshäufigkeit des erwünschten Zielverhaltens (vielleicht schaltet Maria ja auch manchmal ohne zu diskutieren die Spielkonsole aus?). Dann sollte dieses Zielverhalten belohnt werden.

Auf diese Art und Weise kann ein angemessener Stufenplan auf dem Weg zum Zielverhalten entwickelt werden! Die Frage ist doch: Welches Verhalten ist eine Verbesserung und verdient eine Belohnung und welches Verhalten ist bereits vorhanden?

Dazu bietet sich ein Wochenprotokoll an, welches über mindestens 2 bis 3 Wochen geführt werden sollte (s. **Kopiervorlage 5** Wochenprotokoll zum Computerspielverhalten des Kindes für Eltern auf der nächsten Seite).

4. Kriterien für das Erteilen der «Tokens» (symbolischen Verstärker)

Maria und ihre Eltern beschließen gemeinsam folgende Vorgehensweise:

Jeden Tag darf Maria eine halbe Stunde mit Videospielen verbringen. Gemeinsam mit einem Elternteil wird zu Beginn des Spielens ein Wecker gestellt, um den Ablauf der gesetzten 30 Minuten auch objektiv feststellen zu können. Maria schaltet die Videospielkonsole aus, wenn der Wecker klingelt und die Eltern sie auffordern, das Spielen zu beenden.

Die Aufgaben von Maria bestehen also darin:

a) ich sage Mama oder Papa Bescheid, wenn ich mit Videospielen anfangen möchte
b) wir stellen gemeinsam den Wecker auf die vereinbarte Zeit (eine halbe Stunde)
c) wenn der Wecker klingelt, muss die Konsole ohne Diskussion ausgeschaltet werden

Für die Einhaltung dieser Regeln (a, b, c) erhält Maria jeweils eine Büroklammer (also drei insgesamt pro Tag möglich).

Die Anzahl der ausgegebenen Klammern kann variieren, muss aber kommentiert werden! Beispielsweise: «Heute hat es gut geklappt: Du hast vorher Bescheid gesagt und Du hast mit mir den Wecker eingestellt, deswegen bekommst Du schon mal 2 Klammern! Am Ende gab es aber wieder Diskussionen, weil Du nicht aufhören wolltest. Wir hatten aber abgesprochen, dass nach einer halben Stunde Schluss ist. Weil du dich nicht daran gehalten hast, gibt es keine dritte Klammer.»

Kopiervorlage 5 (Eltern)

Wochenprotokoll zum Computerspielverhalten des Kindes

Auftreten des **erwünschten Zielverhaltens** (z. B. kein Computerspielen oder Pflege alternativer Hobbys): ja [+] oder nein [–]

Montag	Dienstag	Mittwoch	Donnerstag	Freitag	Samstag	Sonntag

Auftreten des **Problemverhaltens** (übermäßiges Computerspielen): ja [+] oder nein [–]

Montag	Dienstag	Mittwoch	Donnerstag	Freitag	Samstag	Sonntag

Gab es eine **Auseinandersetzung** wegen des Problemverhaltens? ja [+] oder nein [–]

Montag	Dienstag	Mittwoch	Donnerstag	Freitag	Samstag	Sonntag

Dauer der Auseinandersetzung: [ungefähr in Minuten angeben]

Montag	Dienstag	Mittwoch	Donnerstag	Freitag	Samstag	Sonntag

Intensität der Auseinandersetzung: [1 = gering, … 10 = sehr stark]

Montag	Dienstag	Mittwoch	Donnerstag	Freitag	Samstag	Sonntag

Damit sollte die Sache jedoch für Sie auch abgeschlossen sein: Es empfiehlt sich nicht, ärgerlich oder nachtragend auf diesen Regelverstoß zu reagieren!

5. Ermittlung der Bedürfnisse, die durch das Computerspielen befriedigt werden

Es ist deutlich geworden, dass Videospielen für die 9-jährige Maria ein belohnendes Verhalten darstellt, das sie möglicherweise sogar schon zur Stimmungsregulation einsetzt («...wenn ich glücklich sein will, spiele ich»...). Alternativ bieten sich daher Spiele oder Aktivitäten mit den Eltern an, die ebenfalls Freude bereiten und damit eine ähnliche Funktion erfüllen. Hierbei muss jedoch akzeptiert werden, dass unter Umständen andere Verhaltensweisen erst einmal nicht so viel Spaß machen (belohnend wirken). Dieses ist davon, abhängig inwieweit ihr Kind das Spielen für sich bereits als die «ultimative» Belohnungsstrategie eingesetzt hat und somit den Spaß an anderen Verhaltensweisen bereits verlernt hat. Dann sind Sie als Eltern besonders gefordert, gemeinsam mit ihrem Kind neue Verhaltensweisen, die Ihrem Kind Freude bereiten, geduldig herauszuarbeiten und Ihr Kind zu motivieren, die alternativen Verhaltensweisen selbständig umzusetzen. So geben Sie ihrem Kind die Chance, mit Ihrer Hilfe sich wieder an verschiedenen und teilweise alltäglichen Dingen des Lebens zu erfreuen und seine Gefühle nicht einfach «wegzuspielen» (s. **Kopiervorlage 6** auf der nächsten Seite).

Maria durfte sich die Belohnungen gemeinsam mit den Eltern aussuchen (s. **Tab. 7.3.1.1**) und in einen Verstärkerplan eintragen.

Anmerkung: Wenn Ihrem Kind tatsächlich keine einzige andere Aktivität einfällt, die ihm Spaß macht, bietet sich dieser Anlass bestens für ein Gespräch an: Erörtern Sie mit Ihrem Kind zusammen die Frage, ob solch ein eingeengtes Verhaltensmuster «normal» sein kann! Zeigen Sie dabei Ihrem Kind mögliche und für das Kind nachvollziehbare Modelle auf (Vorbilder wie Freunde oder Verwandte mit unterschiedlichen Hobbys, die Freude bereiten).

Tabelle 7.3.1.1: Verstärkerplan von Maria

Aktivität	mit wem?
1. reiten gehen	mit Mama und Papa
2. in den Zoo gehen	mit Mama und Papa
3. «Mensch ärgere dich nicht!» spielen	mit Mama und Papa
4. Kuchen backen	mit Mama und Papa

Kopiervorlage 6 (Kind)

Was macht mir außer Computerspielen noch Spaß?

Aktivität   Mit wem? (Mutter, Vater, Freunden usw.)

1.

Aktivität   Mit wem? (Mutter, Vater, Freunden usw.)

2.

Aktivität   Mit wem? (Mutter, Vater, Freunden usw.)

3.

Aktivität   Mit wem? (Mutter, Vater, Freunden usw.)

4.

Im Zusammenhang mit der Bedürfnisbefriedigung empfehlen wir dringend, sich nicht nur auf Ihre eigene Wahrnehmung zu verlassen, sondern Ihr Kind zur Selbstbeobachtung zu ermutigen. Dabei wird erstens deutlich, dass Sie Ihr Kind mit einbeziehen, es sogar maßgeblich verantwortlich für die eigene Kompetenzentwicklung machen und zweitens ist die Reflexion eigener Bedürfnisse zentraler Bestandteil der emotionalen Kompetenzentwicklung. Wir schlagen daher vor, dass Sie Ihr Kind ein Stimmungstagebuch führen lassen, in dem Ihr Kind täglich seine Stimmung, besondere Belastungen und die Zeit, die es am Computer verbringt, selber aufschreibt (s. **Kopiervorlage 7** «Mein Stimmungstagebuch» auf der nächsten Seite).

Im Laufe der Zeit ergeben sich mitunter interessante Zusammenhänge zwischen Stimmung, besonderen Vorkommnissen und der Computerspielzeit, beziehungsweise der Stärke des Wunsches, Computer zu spielen. Möglicherweise lässt sich über dieses Vorgehen die Funktion des Computerspielens herausarbeiten, die sowohl Ihnen als auch Ihrem Kind bislang verborgen geblieben sein mag. Doch unabhängig davon hat die Selbstbeobachtungsübung Ihres Kindes an sich oft schon positive Auswirkungen auf die erwünschte Verhaltensänderung.

6. Festlegung der Eintausch-Verstärker und des Modus für den Erhalt der Eintauschverstärker

Im Fall von Maria wurden die Eintauschmöglichkeiten für Ihre Belohnungsklammern folgendermaßen festgelegt:

5 Klammern = 1×mit Mama und Papa zusammen Kuchen backen

10 Klammern = 1×mit Mama und Papa zusammen «Mensch ärgere dich nicht» spielen

20 Klammern = 1×mit Mama und Papa zusammen in den Zoo gehen

30 Klammern = 1×reiten gehen (Maria ist ein großer Pferde-Fan)

Maria durfte die Klammern je nach Wunsch gleich eintauschen oder sammeln. Es wurde abgesprochen, dass die Belohnung in der gleichen Woche wie der Eintausch erfolgen musste.

Der Plan wurde für die ganze Familie sichtbar aufgehängt und sah folgendermaßen aus (siehe **Abb. 7.3.1** und **Kopiervorlage 8** auf Seite 98).

7. Phase der Verhaltensänderung

Während der ersten zwei Tage gab es keine Probleme. Maria sammelte eifrig Klammern. In der Folge gab es jedoch wieder einige

Kopiervorlage 7 (Kind)

Mein Stimmungstagebuch

Woche von . . . . . bis . . . .

Bitte trage **jeden Tag** nach der Schule (am Wochenende und in den Ferien nach dem Mittagessen) ein:

1. **wie du dich fühlst (fröhlich, normal, schlecht)**
2. **ob du Stress hattest (Streit, Klassenarbeit usw.)**
3. **wie stark dein Wunsch ist, am Computer zu spielen (sehr stark, mittel, gar nicht)**
4. **wie viele Stunden du heute gespielt hast.**

	❶ Wie fühlst du dich heute?	❷ Hat dich etwas gestresst?	❸ Wie stark ist dein Wunsch zu spielen	❹ Wie lange hast du heute gespielt
Montag	☐ fröhlich ☺ ☐ normal 😐 ☐ schlecht ☹	☐ nein ☐ ja 😫	☐ sehr stark ☐ mittel ☐ gar nicht	Stunden
Dienstag	☐ fröhlich ☺ ☐ normal 😐 ☐ schlecht ☹	☐ nein ☐ ja 😫	☐ sehr stark ☐ mittel ☐ gar nicht	Stunden
Mittwoch	☐ fröhlich ☺ ☐ normal 😐 ☐ schlecht ☹	☐ nein ☐ ja 😫	☐ sehr stark ☐ mittel ☐ gar nicht	Stunden
Donnerstag	☐ fröhlich ☺ ☐ normal 😐 ☐ schlecht ☹	☐ nein ☐ ja 😫	☐ sehr stark ☐ mittel ☐ gar nicht	Stunden
Freitag	☐ fröhlich ☺ ☐ normal 😐 ☐ schlecht ☹	☐ nein ☐ ja 😫	☐ sehr stark ☐ mittel ☐ gar nicht	Stunden
Samstag	☐ fröhlich ☺ ☐ normal 😐 ☐ schlecht ☹	☐ nein ☐ ja 😫	☐ sehr stark ☐ mittel ☐ gar nicht	Stunden
Sonntag	☐ fröhlich ☺ ☐ normal 😐 ☐ schlecht ☹	☐ nein ☐ ja 😫	☐ sehr stark ☐ mittel ☐ gar nicht	Stunden

Aktivität	mit wem . . .	Preis
1. reiten gehen	Mama und Papa	30 Klammern
2. in den Zoo gehen	Mama und Papa	20 Klammern
3. «Mensch ärgere Dich nicht!» spielen	Mama und Papa	10 Klammern
4. Kuchen backen	Mama und Papa	5 Klammern

Die Regeln:
- Ich sage Mama oder Papa Bescheid, wenn ich mit Videospielen anfangen möchte. (1 Klammer)
- Wir stellen gemeinsam den Wecker auf die vereinbarte Zeit (eine halbe Stunde). (1 Klammer)
- Wenn der Wecker klingelt, muss die Konsole ohne Diskussion ausgeschaltet werden. (1 Klammer)

Abbildung 7.3.1: Verstärkerplan von Maria

Diskussionen. Diesmal ging es darum, dass Maria weiterhin immer drei Klammern pro Tag haben wollte, die Bedingungen dafür aber nicht mehr vollständig erfüllt hatte. Die Eltern beriefen sich auf die Absprache und Maria stimmte widerstrebend zu. Eines Tages ertappten die Eltern Maria beim heimlichen Spielen und verweigerten ihr daraufhin sämtliche Klammern für diesen Tag. Maria reagierte sehr wütend mit Weinen und Schreien. Die Eltern hielten jedoch an Ihrer Entscheidung fest und erklärten ihr ruhig und bestimmt, dass sie die Absprachen nicht eingehalten hätte und daher auch keine Belohnungsklammern für diesen Tag bekommen könne. Danach besserte sich die Zusammenarbeit schlagartig. Maria freute sich im weiteren Verlauf über die gemeinsamen Aktivitäten, die sie sich verdient hatte.

8. Erstellen der Häufigkeitskurve des Zielverhaltens

Zur Überprüfung des Erfolges muss das Auftreten des erwünschten Verhaltens täglich protokolliert werden.

Was unter keinen Umständen passieren sollte:

- eigenmächtige Änderung der aufgestellten Regeln durch die Eltern oder durch das Kind
- Verweigerung oder Vergessen der verdienten Belohnungen.

Anpassungen des Modells – je nach verschiedenen Bedingungen:

Für den Fall, dass Sie sich jetzt denken: «sehr schöne Idee, doch ich muss den ganzen Tag arbeiten, wie soll ich da kontrollieren, wann mein Kind spielt?» möchten wir darauf hinweisen, dass es durchaus auch Teil des anfangs zu vereinbarenden Vertrages sein kann,

Kopiervorlage 8 (Kind)

Mein Verstärkerplan

Aktivität	mit wem…	Preis/Anzahl Klammern

1.

Aktivität	mit wem…	Preis/Anzahl Klammern

2.

Aktivität	mit wem…	Preis/Anzahl Klammern

3.

Aktivität	mit wem…	Preis/Anzahl Klammern

4.

den Computer aus dem Kinderzimmer zu entfernen und bis zu Ihrem Feierabend verschlossen zu halten. Wichtig ist hierbei jedoch wie in jedem Falle die Ankündigung dieser Maßnahme als Teil des Abkommens und die Aussicht auf alternative Belohnung im Ausgleich für das Kind. Prinzipiell erscheint es bei Kindern ohnehin sinnvoll, Fernseher und Computer aus dem Kinderzimmer zu verbannen, bei Jugendlichen liegt diese Maßnahme in Ihrem eigenen Ermessen.

Für das Jugendalter erscheint die Festlegung eines Zeit-Kontingents für die Spielaktivitäten sinnvoll. Dabei können zum Beispiel sechs Stunden pro Woche zum Computerspielen zur Verfügung stehen und dem Jugendlichen selbst obliegt die Einteilung, wann er diese Zeit verspielt. Auf diese Art und Weise kommen Sie dem Autonomiestreben des Jugendlichen entgegen und er hat nicht das Gefühl, allzu sehr gegängelt zu werden.

In dem Beispiel von Maria wurde nun erfolgreich das problematische exzessive Computerspielverhalten eingeschränkt. Doch um den Erfolg auch künftig aufrecht erhalten zu können, scheinen Erweiterungen der Methode sinnvoll: die Verstärkung alternativer Verhaltensweisen.

9. Die Erweiterung des Verstärkerplans durch die Verstärkung alternativer Verhaltensweisen

Generell müssen Sie sich im Klaren sein: wir können dem exzessiv computerspielenden Kind oder Jugendlichen nicht nur etwas entziehen (das Computerspielen), wir müssen auch attraktive Alternativen entwickeln, damit die Zeit sinnvoll genutzt werden kann und der «Rückfall» in alte Verhaltensmuster möglichst verhindert wird. Die Belohnung für die Einhaltung der Abmachung ist dabei nur der erste Schritt, doch sollten im Laufe der Zeit mehr überdauernde alternative Freizeitaktivitäten an Bedeutung im Leben Ihres Kindes gewinnen, so dass das Verlusterleben durch die Beschränkung des Computerspielens zurückgeht und das Computerspielen an Bedeutung verliert. Freizeitaktivitäten können gemeinsam entwickelt werden. Dabei sind zum Beispiel folgende Punkte mit dem Heranwachsenden zu besprechen:

- Wo kann man sich über attraktive Freizeitmöglichkeiten in der Nähe informieren?
- Welche Freizeitaktivitäten gibt es?
- Welche Möglichkeiten bieten Vereine, Jugendeinrichtungen und Schule?
- Welche Freizeitaktivitäten passen zu meinem Kind?
- Welche Freizeitaktivitäten interessieren mein Kind?

- Welche Kosten entstehen und kann der Aufwand geleistet werden?
- Wo kann man kostengünstig die Materialien (z. B. ein Musikinstrument, einen Tennisschläger oder Inline-Skates) erwerben?
- Wie kommt mein Kind zu seiner Freizeitaktivität hin?

Bei der Erstellung alternativer Freizeitaktivitäten ist es hilfreich , eine Liste (mit der wichtigsten Freizeitaktivität an oberster Stelle) zu erstellen und diese sichtbar an den Kühlschrank zu hängen. Anfangs mögen diese alternativen Interessen noch nicht gerne angenommen werden (s. Kap. 4.4 zu psychologischen Grundlagen/ Belohnungssystem), doch wenn Sie auch nur kleine Erfolge unterstützen und verstärken, wird der Erfolg nicht ausbleiben!

Das Erstellen je eines Zeitkuchens für die **Arbeitswoche** und das **Wochenende** kann Ihr Kind anregen, über eine sinnvolle und zufriedenstellende Zeiteinteilung nachzudenken (s. **Abb. 7.3.3** und **Kopiervorlage 9**). Dabei symbolisiert die Größe der «Tortenstücke» den zeitlichen Anteil verschiedener Lebensbereiche (Ausbildung/ Schule, Freizeitaktivitäten, Familie, Essen und Schlafen) in der Arbeitswoche beziehungsweise am Wochenende. Sie können sich die Aufteilung auch prozentual vorstellen, wobei die Gesamtfläche des Kreises die insgesamt verfügbare Zeit (100 %) am Tag darstellt. Bei der Erstellung eines Zeitkuchens geht es nicht um die präzise Aufteilung von Minuten zu den einzelnen Tätigkeiten, vielmehr

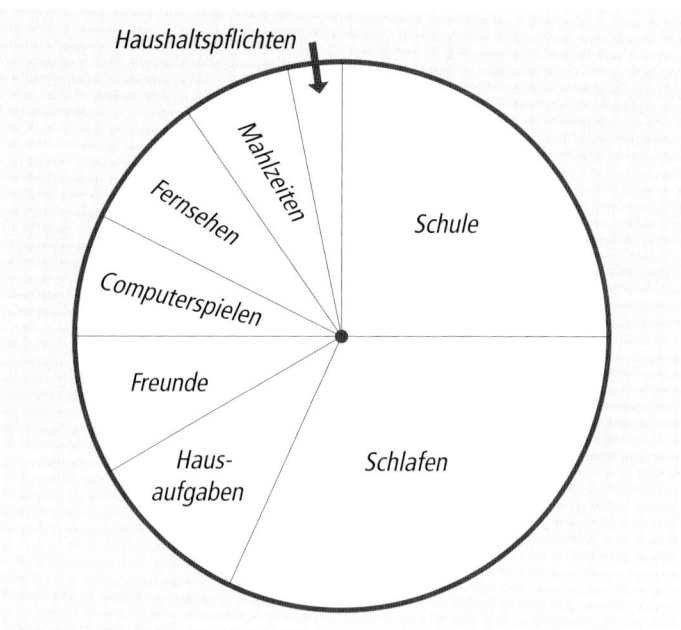

Abbildung 7.3.3:
Beispiel eines
Zeitkuchens für die
Arbeitswoche

Kopiervorlage 9 (Kind)

Der Zeitkuchen

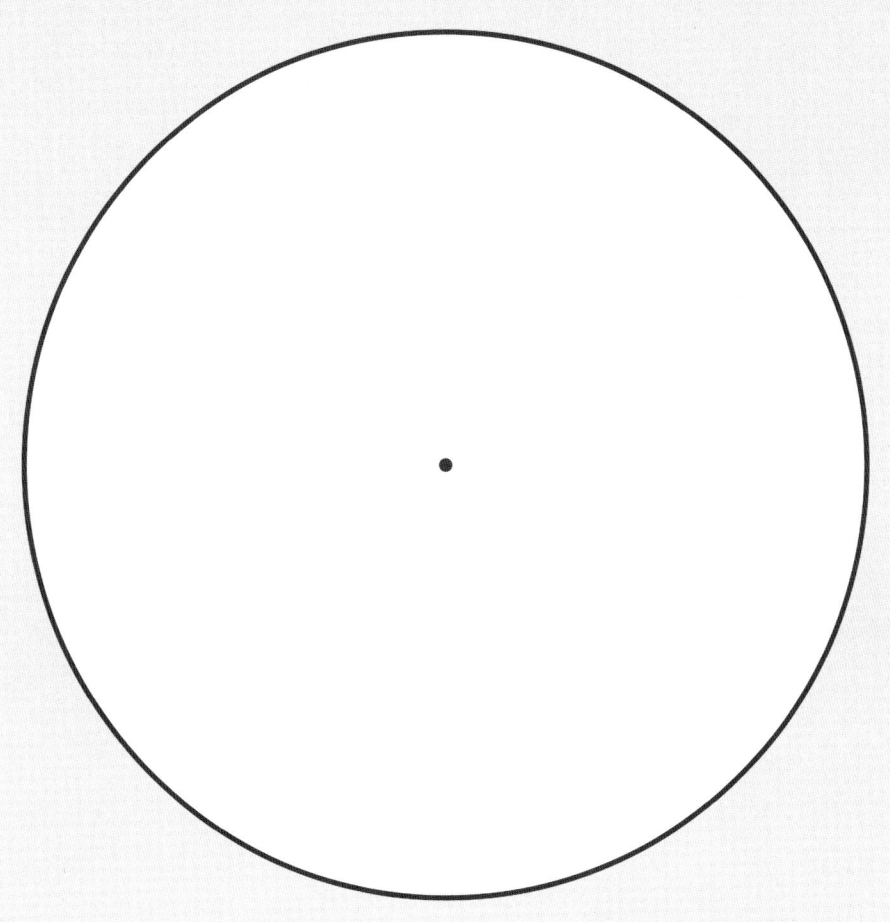

handelt es sich um eine Art Skizze, die zur groben Orientierung dient und deutlich machen soll, wie viel Tageszeit ungefähr für die einzelnen Aktivitäten benötigt wird. Sollten Sie es dennoch genau haben wollen: 1 Stunde entspricht 15 Grad.

8. Professionelle Hilfsangebote (Stand 2006)

Kostenlose Beratungsangebote der Interdisziplinären Suchtforschungsgruppe Berlin (www.isfb.org)

Pathologisches Glücksspiel/Verhaltenssucht

mittwochs 14.00 bis 19.00 Uhr
Tel.: +49 (0) 30 – 4 50 52 95 29

Beratung zum Thema «exzessives Computerspielen»

freitags von 16.00 bis 17.00 Uhr
Tel.: +49 (0) 30 – 4 50 52 95 25

Beratungsangebote

Stadtmission Halle e.V., Beratungsstelle Onlinesucht
Frau Leonhardt, Herr Mühlpfordt, Herr Birkner

Adresse:	D-06108 Halle/Saale, Weidenplan 3–5
Telefon:	(03 45) 2 17 80
E-Mail:	suchtberatung@stadtmission-halle.de
Internet:	www.stadtmission-halle.de

Drogen- und Suchtberatungsstelle des Mansfelder Landes
Herr Abromeit

Adresse:	D-06295 Lutherstadt Eisleben, Markt 29/30
Telefon:	(0 34 75) 66 36 95
E-Mail:	info@sucht-hilfe-ev.de
Internet:	www.sucht-hilfe-ev.de

Spieler-Sprechstunde der Verhaltenstherapie-Ambulanz im UK-Eppendorf

Beratung (Computer-)Spielsucht ab 18 Jahren

Adresse:	D-20551 Hamburg, Martinistraße 52
Telefon:	(040) 4 28 03-44 94, -42 25, -42 22
E-Mail:	–
Internet:	–

Beratungsangebote

Drogenambulanz für Jugendliche, junge Erwachsene und deren Familien
im UK-Eppendorf
Sekretariat, Frau Krause

Computerspielsucht bei Kindern- und Jugendlichen

Adresse: D-20551 Hamburg, Martinistraße 52
Telefon: (040) 4 28 03-42 17, -42 25, -42 22
E-Mail: –
Internet: –

Onlinesuchtberatung für Betroffene und Angehörige
Frau Farke

Präventionsarbeit Onlinesucht
Im Einzelfall: Psychologische- und Onlinesuchtberatung

Adresse: D-21614 Buxtehude, Kottmeierstraße 12
Telefon: –
E-Mail: FarkeGabriele@aol.com
Internet: www.onlinesucht.de

KODROBS, Suchtberatungsstelle Altona
Herr Pietsch

Suchtberatung und -begleitung; Jugend hilft Jugend

Adresse: D-22765 Hamburg-Altona, Hohenesch 13–17
Telefon: (040) 3 90 86 40/41
E-Mail: werner.pietsch@jhj.de
Internet: www.kodrobs.de

Suchthilfezentrum Schleswig
Herr Nielsen

Beratungs- und Behandlungsstelle für Suchterkrankungen
(auch Onlinesucht)

Adresse: D-24837 Schleswig, Friedrichsstraße 37
Telefon: (0 46 21) 48 61 10
E-Mail: nielsen@suchthilfezentrum-sl.de
Internet: www.suchthilfezentrum-sl.de

Psychologische- und Suchtberatung, Private Suchtberatungsstelle
Herr Craemer

Adresse: D-56242 Ellenhausen, Im Rosenbusch 8
Telefon: (0 26 26) 14 26 38
E-Mail: info@psysu-mc.de
Internet: www.psysu-mc.de

Arbeitskreis gegen Spielsucht
Herr Trümper

Beratung Onlinesucht für Betroffene und Angehörige

Adresse: D-59425 Unna, Südring 31
Telefon: (0 23 03) 8 96 69
E-Mail: beratungsstelle@ak-spielsucht.de
Internet: im Aufbau

Kliniken, Ambulanzen

Poliklinik I der Abteilung für Klinische Psychiatrie und Psychotherapie
Medizinische Hochschule Hannover
Dr. Bert te Wildt

Beratungsangebot und Diagnostik
Adresse: D-30625 Hannover, Carl-Neuberg-Straße 1
Telefon: (05 11) 532-31 79, -3167
E-Mail: tewildt.bert@mh-hannover.de
Internet: www.klinische-psychiatrie.de/mitarbeiter/homepages/tewildt

Instituts-Ambulanz und Klinik für Psychiatrie
Abteilung für Suchterkrankungen des Vivantes Humboldt-Klinikums
CA Dr. Platz

Adresse: D-13437 Berlin, Oranienburger Straße 285
Telefon: (030) 41 94 56 08
E-Mail: werner.platz@vivantes.de
Internet: –

Fachklinik am Kyffhäuser – Klinik für Abhängigkeitserkrankungen und
sozio-psychosomatische Rehabilitation
Dr. Heinze

Auch ambulante Angebote für Onlinesucht
Adresse: D-06537 Kelbra, Lange Straße 111
Telefon: (034) 65 14 30
E-Mail: info@fachklinik-am-kyffhaeuser.de
Internet: www.fachklinik-am-kyffhaeuser.de

Psychosomatische Fachklinik Münchwies
Dr. Petry

Stationäre Therapie
Adresse: D-66540 Münchwies, Turmstraße 50–58
Telefon: (0 68 58) 69 10
E-Mail: gfmuenchwies@ahg.de
Internet: www.ahg.de/ahgde.nsf/FRSEINRICHTUNG/Muenchwies?opendocu-
            ment

Psychosomatische Fachklinik Bad Herrenalb
CA Dr. Oppl

Stationäre Therapie
Adresse: D-76332 Bad Herrenalb, Kurpromenade 42
Telefon: (0 70 83) 509-0 – Free Call: 0800-7 85 39 20
Fax: (0 70 83) 509-606
E-Mail: m.oppl@klinik-bad-herrenalb.de
Internet: www.klinik-bad-herrenalb.de

Kliniken, Ambulanzen

Klinik für Psychosomatische Medizin Grönenbach
Herr Markert

Therapie Onlinesucht und Sexsucht für Erwachsene
Adresse: D-87730 Grönenbach, Sebastian-Kneipp-Allee 5
Telefon: (0) 83 34 / 98 13 00
E-Mail: info@kliniken-groenenbach.de
Internet: www.kliniken-groenenbach.de

Beratungsangebot in der Schweiz

«Offene Tür Zürich»
Herr Eidenbenz

Selbsthilfegruppen/Psychotherapie
Sprechzeiten: Mo/Mi/Fr von 14.00–16.00 Uhr
Adresse: CH-8032 Zürich, Jupiterstraße 42
Telefon: (043) 2 88 88 88
E-Mail: selbsthilfe@offenetuer-zh.ch
Internet: www.offenetuer-zh.ch

Beratungsangebot in Österreich

Anton-Proksch-Institut Baden
Beratungs- und Therapiezentrum

Adresse: A-1237 Wien, Mackgasse 7–11
Telefon: (01) 8 80 10
E-Mail: info@api.or.at
Internet: www.api.or.at

9. Ausblick

Computerspiele erfreuen sich einer stetig wachsenden Beliebtheit im Alltag von Kindern und Jugendlichen. Neben positiven Beschreibungen der Computernutzung finden sich jedoch vielfach auch Berichte von Heranwachsenden mit exzessivem Computerspielverhalten, die meistens als «Computer- beziehungsweise als Videospielsüchtige» bezeichnet werden.

Die Erfahrungen aus dem klinischen Alltag wie auch die zahlreichen Berichte von besorgten Eltern werden durch verschiedene aktuelle Studien belegt: Kinder und Jugendliche, die ein exzessives Computerspielverhalten mit klinischer Relevanz ausüben, erfüllen bezogen auf ihr Computerspielverhalten zum einen die Kriterien einer Abhängigkeit. Zum anderen erfullt das Computerspielen – analog zum Gebrauch von Substanzen wie Drogen und Alkohol – die Funktion, schnell und effektiv jedoch inadäquat die eigene Gefühlswelt zu regulieren. Wegen der zum Teil noch sehr jungen Forschung zu diesem Störungsbild fehlt es bislang noch an adäquaten Erhebungsinstrumenten (z.B. Fragebögen) zur Diagnosestellung. Gerade um der «Versüchtelung der Gesellschaft» Einhalt zu gebieten ist es unumgänglich, klare Kriterien und eindeutige Diagnosen zu schaffen. Denn nicht jedes Verhalten, das exzessiv durchgeführt wird ist zwangsläufig auch gleich ein süchtiges Verhalten. Aufgrund dieser Erkenntnisse erscheint es jedoch nicht nur unbedingt notwendig, dass klare Richtlinien für die Diagnose «Computer(spiel)sucht» festgelegt werden, sondern auch verstärkt präventive Maßnahmen in Form von Information und Aufklärung durchgeführt werden.

Dieses ist insbesondere vor dem Hintergrund eines besseren Verständnisses für das Störungsbild Computer(spiel)sucht wichtig. So ist der angemessene Umgang mit den Betroffenen und das Verständnis für das Störungsbild Computerspielsucht nur möglich, wenn eine konsequente Aufklärung stattfindet. Dieser Umstand trifft für Betroffene und Angehörige, das Hilfesystem und die Allgemeinbevölkerung gleichermaßen zu. Die verschiedenen

Formen der stofflosen Sucht beziehungsweise der Verhaltenssucht umfassen Verhaltensweisen, die zum Teil tabuisiert, aber auch zum Teil gesellschaftlich nicht unerwünscht sind (beim exzessiven Computerspielen: Das Kind ist beschäftigt und verhält sich ruhig). Für den Betroffenen jedoch sind die Folgen seiner Sucht immer die gleichen: die soziale Isolation ist nur eine davon.

Die Bekanntmachung des Störungsbildes der exzessiven Computernutzung in letzter Zeit ist vor allem der konsequenten Medienberichterstattung zu verdanken. Obwohl hier viel an Aufklärung geschieht, kommt es jedoch auch oft zu verzerrten Darstellungen, für die bislang die wissenschaftlichen Belege noch unzureichend oder auch widersprüchlich sind (z.B. der häufig berichtete Zusammenhang zwischen exzessiver Computernutzung im Allgemeinen und einer erhöhten Aggressivität und Bereitschaft zu Gewalttaten). So kann in der Allgemeinbevölkerung ein völlig falsches Bild von dieser Störung entstehen. Dem positiven Effekt (Bewusstsein schaffen für die Störungen) stehen dann Pauschalisierungen gegenüber, die dem Störungsbild unter Umständen nicht gerecht werden. Dabei wird auch oft vergessen, dass hinter diesen medienträchtigen Geschichten Menschenschicksale stehen.

Zusammenfassend zeigt sich, dass es einen großen Bedarf an Aufklärung und Information für das Störungsbild Computer-(spiel)sucht gibt. Die Festlegung von diagnostischen Kriterien beziehungsweise Merkmalen zur Feststellung einer Computerspielsucht ist dabei eine notwendige Voraussetzung, um effektive Therapiemaßnahmen anwenden zu können. Wegen der sich zeigenden Übereinstimmungen zwischen Substanzabhängigkeit und der Computer(spiel)sucht bei den diagnostischen Kriterien und den klinischem Erscheinungsbild als auch der Funktion des süchtigen Verhaltens im Sinne einer inadäquaten Stressverarbeitungsstrategie können zum Beispiel entsprechende erfolgversprechende Elemente aus der Behandlung von Abhängigkeit auch für das Störungsbild Computer(spiel)sucht angewendet werden.

Literatur

Beck, A.T., Wright, F. D., Newman, C. F., & Liese, B. S.(1997). *Kognitive Therapie der Sucht* (J. Lindenmeyer, Übers.). Weinheim: Beltz. (Original veröffentlicht 1993)

Black, D. W., Geeta, B., & Schlosser, S.(1999). Clinical Features, psychiatric comorbidity, and health-related quality of life in persons reporting compulsive computer use behavior. *Journal of Clinical Psychiatry*, 60, 839–844.

Böning, J. (1991). Glücksspielen als Krankheit? Kritische Bemerkungen zur Inflation der Süchte. *Nervenarzt* 62: 706–707.

Böning, J. (1999). Psychopathologie und Neurobiologie der «Glücksspielsucht». In G. Alberti & B. Kellermann (Hrsg.), *Psychosoziale Aspekte der Glücksspielsucht* (S. 39–50). Geesthacht: Neuland.

Borg-Laufs, M., & Hungerige, H. (2005). *Selbstmanagementtherapie mit Kindern. Ein Praxishandbuch*. Stuttgart: Klett-Cotta.

Bremer, J. (2005). The internet and children: advantages and disadvantages. *Child and adolescent psychiatric clinics of North America*, 14, 405–428.

Brian, D., & Wiemer-Hastings, P. (2005). Addiction to the internet and online gaming. *Cyberpsychology & Behavior*, 8, 110–13.

Bureau, M., Hirsch, E., & Vigevano, F. (2004). Epilepsy and Videogames. *Epilepsia*, 45(Suppl. 1), 24–26.

Burst, M. (2003). Sensation Seeking in der Medienpsychologie. In: M. Roth, & P. Hammelstein (Hrsg.), *Sensation Seeking – Konzeption, Diagnostik und Anwendung* (S. 235–252). Göttingen: Hogrefe.

Carnagey, N. L., & Anderson, C. A. (2005). The effects of reward and punishment in violent video games on aggressive affect, cognition, and behavior. *Psychological Science*, 16, 882–889.

Dilling, H., Mombour, W., & Schmidt, M. H. (2000). *Internationale Klassifikation psychischer Störungen: ICD-10, Kapitel V (F), klinisch-diagnostische Leitlinien*. Weltgesundheitsorganisation. Bern: Huber.

Engelberg, E., & Sjöberg, L. (2004). Internet Use, Social Skills, and Adjustment. *Cyberpsychology & Behavior*, 7, 41–47.

Erlenmeyer, A. (1887). *Die Morphinsucht und ihre Behandlung* (3. Aufl.). Berlin, Leipzig: Heuser.

Eschenbeck, H., & Kohlmann, C.-W. (2002). Geschlechtunterschiede in der Stressbewältigung von Grundschulkindern. *Zeitschrift für Gesundheitspsychologie*, 10, 1–7.

Esser, H., & Witting, T. (2003). Transferprozesse beim Bildschirmspiel. Erhältlich unter http://snp.bpb.de/referate/essertra.htm

Everitt, B., Dickinson, A., & Robbins, T. (2001). The neuropsychological basis of addictive behavior. *Brain Research. Brain Research Reviews*, 36, 129–138.

Fisher, S. (1994). Identifying video game addiction in children and adolescents. *Addictive Behaviors*, 19, 545–553.

Freud, S. (1993). *Der Dichter und das Phantasieren.* Gesammelte Werke, Band 7 (S. 211–223). Frankfurt am Main: Fischer. (Original veröffentlicht 1908)

Friedman, M., & Rosenman, R. F. (1974). *Type A behavior and your heart.* New York: Knopf.

Gabriel, E. (1962). *Die Süchtigkeit – Psychopathologie der Suchten.* Geesthacht: Neuland.

Gabriel, E., & Kratzmann, E. (1936). *Die Süchtigkeit.* Berlin: Neuland.

Gelfond, H. S., & Salonius-Pasternak, D. E. (2005). The play's the thing: a clinical-developmental perspective on video games. *Child and Adolescent Psychiatric Clinics of North America*, 14, 491–508.

Gillespie, R. B. (2002). The physical impact of computers and electronic game use on children and adolescents, a review of current literature. *Work*, 18, 249–259.

Gleich, U., Kreisel, E., Thiele, L., Vierling, M., & Walther, S. (1998). Sensation Seeking, Fernsehverhalten und Freizeitaktivitäten. In: W. Klingler, G. Rothers & O. Zöllner (Hrsg.), *Fernsehforschung in Deutschland. Themen – Akteure – Methoden.* (SWF-Medienforschung, Bd. 4). Baden Baden: Nomos.

Griffiths, M., & Hunt, N. (1998). Dependence on computer games by adolescents. *Psychological Reports*, 82, 475–480.

Griffiths, M. D. (1995). Technological addictions. *Clinical Psychology Forum*, 76, 14–19.

Griffiths, M. D. (2000). Editorial. Internet addiction – time to be taken seriously? *Addiction Research*, 8, 413–418.

Griffiths, M. D., & Dancaster, I. (1995). The effect of type a personality on physiological arousal while playing computer games. *Addictive Behaviors*, 20, 543–548.

Griffiths, M. D., & Davies, M.N.O. (2005). Videogame addiction: does it exist? In: J. Goldstein & J. Raessens (Hrsg.), *Handbook of Computer Game Studies* (S. 359–368). Boston: MIT Press.

Griffiths, M. D., Davies, M., & Chappell, D. (2004). Online computer gaming. a comparison of adolescent and adult gamers. *Journal of Adolescence*, 27, 87–96.

Grohol, J. M. (1999). *Internet Addiction Guide.* Mental Health Net. Vormals erhältlich unter: http://psychcentral.com/netaddiction/

Groos, K. (1899). Die Spiele des Menschen. Jena: Fischer.

Grüsser, S. M., & Thalemann, C. N. (2006). *Verhaltenssucht – Diagnostik, Therapie, Forschung.* Bern: Hans Huber Verlag.

Grüsser, S. M., Thalemann, R., Albrecht, U., & Thalemann, C. N. (2005). Exzessive Computernutzung im Kindesalter – Ergebnisse einer psychometrischen Erhebung. *Wiener Klinische Wochenschrift*, 117, 188–195.

Hahn, A., & Jerusalem, M. (2001). Internetsucht: Jugendliche gefangen im Netz. In: J. Raithel (Hrsg.). *Risikoverhaltensweisen Jugendlicher. Erklärungen, Formen und Prävention.* Opladen: Leske & Budrich.

Harrington, R.C. (2001). *Kognitive Verhaltenstherapie bei depressiven Kindern und Jugendlichen.* Göttingen: Hogrefe.

Healy, J.M. (1998). *Failure to connect: how computers affect our children's minds, and what we can do about it.* New York: Touchstone.

Higuchi, S., Y. Motohashi, Liu, Y., & Maeda, A. (2005). Effects of playing a computer game using a bright display on presleep physiological variables, sleep latency, slow wave sleep and REM sleep. *Journal of Sleep Research*, 14, 267–273.

Hsu, S. H., Lee, F. L., & Wu, M. C. (2005). Designing action games for appealing to buyers. *Cyberpsychology & Behavior*, 8, 585–591.

Kautiainen, S., Koivusilta, L., Lintonen, T., Virtanen, S. M., & Rimpelä, A. (2005). Use of information and communication technology and prevalence of overweight and obesity among adolescents. *International Journal of Obesity*, 29, 925–933.

Kellermann, B. (2004). Glücksspielsucht – ein überflüssiges Suchtproblem. *Hamburger Ärzteblatt*, 10, 462–466. Erhältlich unter: http://www.aerzte-kammer-hamburg.de/funktionen/aebonline/pdfs/1097833457.pdf

Kerns, L. L. (1997). *Hilfen für depressive Kinder. Ein Ratgeber.* Bern: Hans Huber Verlag.

Knutson, K. (2005). Sex differences in the association between sleep and body mass index in adolescents. *Journal of Pediatrics*, 147, 830–834.

Ko, C.-H., Yen, J.-Y., Chen, C.-C., Chen, S.-H., & Yen, C.-F. (2005). Gender Differences and Related Factors Affecting Online Gaming Addiction Among Taiwanese Adolescents. *Journal of Nervous and Mental Disease*, 193, 273–277.

Kraut, R., Kiesler, S., Boneva, B., Cummings, J., Helgeson, V., & Crawford, A. (2002). Internet paradox revisited. *Journal of Social Issues*, 58, 49–74.

Kraut, R., Patterson, M., Lundmark, V., Kiesler, S., Mukopadhyay, T., & Scherlis, W. (1998). Internet paradox: a social technology that reduces social invovement and psychological well-being? *American Psychology*, 53, 1017–1031.

Lavin, M., Marvin, K., McLarney, A., Nola, V., & Scott, L. (1999). Sensation seeking and collegiate vulnerability to internet dependence. *Cyberpsychology & Behavior*, 5, 425–430.

Lee, H. (2004). A new case of fatal pulmonary thromboembolism associated with prolonged sitting at computer in Korea. *Yonsei Medical Journal*, 45, 349–351.

Lin, S. S., & Tsai, C.C. (2002). Sensation seeking and internet dependence of taiwanese high school adolescents. *Computers in Human Behavior*, 18, 411–426.

Lo, S.-K., Whang, C.-C., & Fang, W. (2005). Physical interpersonal relationships and social anxiety among online game players. *Cyberpsychology & Behavior*, 8, 15–20.

McIlwraith, R. (1998). «I'm addicted to television»: the personality, imagination, and TV watching patterns of self-identified TV addicts. *Journal of Broadcasting & Electronic Media.* June, 22, 371–386.

McKenna, K. Y. A., & Bargh, J. A. (2000). Plan 9 from cyberspace: the implications of the internet for personality and social psychology. *Personality and Social Psychology Review*, 4, 57–75.

Medienpädagogischer Forschungsverbund Südwest (Hrsg.) (2005). Jugend, Information, (Multi-)Media)–JIM. Erhältlich unter: http://www.mpfs.de/index.php?id=44

Norris, K. O. (2004). Gender stereotypes, aggression, and computer games: an online survey of women. *Cyberpsychology & Behavio*r, 7, 714–727.

O'Brien, C. P., Childress, A. R., McLellan, A. T., & Ehrman, T. (1992). A learning model of addiction. In C. P. O'Brien & J. Jaffe (Eds.), *Addictive States* (pp.157–177). New York: Raven Press Ltd.

Oerter, R. (2003). Spiel. In: B. Herpertz-Dahlmann, F. Resch, M. Schulte-Markwort & A. Warnke (Hrsg.), *Entwicklungspsychiatrie* (S.136–150). Stuttgart: Schattauer.

Petry, J. (2003). Pathologischer PC-Gebrauch: nosologische Einordnung und Falldarstellungen. In: R. Ott & C. Eichenberg (Hrsg.), *Klinische Psychologie im Internet* (S.257–267). Göttingen: Hogrefe.

Phillips, C. A., Rolls, S., Rouse, A., & Griffiths, M. D. (1995). Homevideo game playing in schoolchildren: a study of incidence and patterns of play. *Journal of Adolescence*, 18, 687–691.

Piaget, J. (1969). *Nachahmung, Spiel und Traum: Die Entwicklung der Symbolfunktion beim Kinde.* Stuttgart: Klett.

Poppelreuter, S., & Gross, W. (Hrsg.). (2000). *Nicht nur Drogen machen süchtig – Entstehung und Behandlung von stoffungebundenen Süchten.* Weinheim: Beltz.

Ravaja, N., Saari, T., Laarni, J., Kallinen, K., & Salminen, M. (2005). The physiology of video gaming: Phasic emotional responses to game events. Erhältlich unter: http://www.gamesconference.org/digra2005/viewabstract.php?id=164

Richter, M, & Settertobulte, W. (2003). Gesundheits- und Freizeitverhalten von Jugendlichen. In: K. Hurrelmann, A. Klocke, W. Melzer, & U. Ravens-Sieberer(Hrsg.),Jugendgesundheitssurvey–InternationaleVergleichsstudieimAuftragderWeltgesundheitsorganisationWHO(S. 99–158).Weinheim: Juventa.

Ricketts, T., & Macaskill, A. (2003). Gambling as emotion management: developing a grounded theory of problem gambling. *Addiction Research and Theory*, 11, 383–400.

Robinson, T. E., & Berridge, K. C. (2003). Addiction. *Annual Review of Psychology*, 54, 25–53.

Saß, H., & Wiegand, C. (1990). Exzessives Glücksspielen als Krankheit? Kritische Bemerkungen zur Inflation der Süchte. *Nervenarzt* 61:435–437.

Saß, H., Wittchen, H. U., Zaudig, M., & Houben, I. (2003). *Diagnostisches und Statistisches Manual Psychischer Störungen DSM-IV-TR.* Göttingen: Hogrefe.

Schachter, S., & Singer, S. (1962). Cognitive, social and physiological determinants of emotional state. *Physiological Review*, 69, 379–399.

Schmeck, K., & Resch, F. (2005). Persönlichkeitsstörungen. In: C. Eggers, J. M. Fegert & F. Resch (Hrsg.), *Psychiatrie und Psychotherapie des Kindes- und Jugendalters* (S.635–652). Berlin: Springer.

Schmidt-Traub, S. (2001). *Selbsthilfe bei Angst im Kindes- und Jugendalter. Ein Ratgeber für Kinder, Jugendliche, Eltern und Erzieher.* Göttingen: Hogrefe.

Seepersad, S.(2004). Coping with loneliness: adolescent online and offline behavior. *Cyberpsychology & Behavior*, 7, 35–39.

Seiffge-Krenke, I. (2002). Emotionale Kompetenz im Jugendalter: Ressourcen und Gefährdungen. In M. v. Salisch (Hrsg.) *Emotionale Kompetenz entwickeln. Grundlagen in Kindheit und Jugend* (S.51–72). Stuttgart: Kohlhammer.

Selye, H. (1956). *The stress of life.* New York: McGraw-Hill.

Settertobulte, W. (2002). Fit (f)or Fun – Lebensstile und ihre Auswirkungen auf die Gesundheit von Kindern. *Umwelt, Medizin, Gesellschaft*, 3, 201–206.

Shapira, N. A., Goldsmith, T. D., Keck, P. E., Khosla, U. M., & McElroy, S. L. (2000). Psychiatric features of individuals with problematic internet use. *Journal of Affective Disorders*, 57, 267–272.

Tazawa, Y., & Okada, K. (2001). Physical signs associated with excessive television-game playing and sleep deprivation. *Pediatrics International*, 43, 647–650.

Te Wildt, B. T., Kowalewski, E., Meibeyer, F., & Huber, T. (2006), Identität und DissoziationimCyberspace.KasuistikeinerdissoziativenIdentitätsstörung im Zusammenhang mit einem Internet-Rollenspiel. *Nervenarzt*, 81–84.

Thalemann, R., Albrecht, U., Thalemann, C. N., & Grüsser, S. M. (2004). Fragebogen zum Computerspielverhalten bei Kindern (CSVK): Entwicklung und psychometrische Kennwerte, *Psychomed*, 16, 262–232.

van den Bulck, J., & Eggermont, S. (2006). Media use as a reason for meal skipping and fast eating in secondary school children. *Journal of human nutrition and dietetics : the official journal of the British Dietetic Association*, 19, 91–100.

von Gebsattel, V. E. (1948). Zur Psychopathologie der Sucht. *Studium Generale*, 1, 258–265.

von Gebsattel, V. E. (1954). *Prolegomena einer medizinischen Anthropologie*. Berlin: Springer.

von Salisch, M. (2002). *Emotionale Kompetenz entwickeln*. Stuttgart: Kohlhammer.

Wake, M., Hesketh, K., & Waters, E. (2003). Television, computer use and body mass index in Australian primary school children. *Journal of Paediatrics and Child Health*, 39, 130–134.

Watzlawick, P. (2000). *Menschliche Kommunikation. Formen, Störungen, Paradoxien* (10. Aufl.). Bern: Hans Huber Verlag.

Weisskirch, R. S., & Murphy, L. C. (2004). Friends, porn, and punk: sensation seeking in personal relationships, Internet activities, and music preference among college students. *Adolescence*, 39, 189–201.

Whang, L. S.-M., Lee, S., & Chang, G. (2003). Internet over-users' psychological profiles: a behavior sampling analysis on internet addiction. *CyberPsychology & Behavior*, 6, 143–150.

Whang, L. S.-M., & Chang, G. (2005). Lifestyles of virtual world residents: living in the on-line game «Lineage». *Cyberpsychology & Behavior*, 7, 592–600.

Wygotski, L. S. (1980). Das Spiel und seine Bedeutung in der psychischen Entwicklung des Kindes, In: D. Elkonin (Hrsg.) , *Psychologie des Spiels* (S. 430–465). Köln: Pahl-Rugenstein. (Original veröffentlicht 1933)

Yang, C.-K. (2001). Sociopsychiatric characteristics of adolescents who use computers to excess. *Acta Psychiatrica Scandinavica*, 104, 217–222.

Young, K. (1998). Internet addiction: the emergence of a new clinical disorder. *Cyberpsychology & Behavior*, 1, 237–244.

Young, K. (1999). Internet addiction: evaluation and treatment. *Student British Medical Journal*, 7, 351–352.

Zimbardo, P. G., & Gerrig, R. J. (2004). *Psychologie* (16. Aufl.). München: Pearson Studium.

Sachregister

A

Abspaltungsvorgang   48
Abstinenz   12, 82
Aggressiver Durchbruch   33
Aktives Zuhören   86
Alternative Freizeitaktivität   100
Anfall, epileptischer   67
Angst   49
Ängstlichkeit   46
Anonyme Interaktivität   51
Aspekt, entwicklungspsychologischer   12
Aufmerksamkeitszuwendung   46
– konditionierte   46
Avatar   62

B

Bedürfnisbefriedigung   19
Begleiterscheinung   12, 38, 46
Bekanntschaft, online   46
belohnende Wirkung   34
Belohnungssystem   22, 42
Beratungshotline   38
Berufliche Kontakte
– Verlust   39
Berufliche Verpflichtungen
– Vernachlässung   28
Beschäftigung
– starke gedankliche   28
Bevorzugte Konfliktlösestrategie   65
Bewältigung von Stress   34
Bewältigungsstrategien   64
Biochemie der Gefühle   42

C

Computernutzung
– Depression und Angst   49
Computernutzung, exzessive
– Begleiterscheinung   38
– Entspannung   39
– Erregung   39

– Flucht   39
Computerspiel
– Beratungshotline   38
– emotionales Erleben   60
– Funktion   12
Computerspielnutzung
– Funktion   34
Computerspielsucht
– Begleiterscheinung   46
– Häufigkeit   33
– Merkmale   12

D

Dauer-Computerspielen
– Todesfälle   35
Depersonalisation   48
Depression   46, 49
Depressive Episode   48
Derealisation   48
Dissoziative Identitätsstörung   48
Dopamin   45
Drogengedächtnis   46
Durchbruch, agressiver   33
Durchschnittliche Spielzeiten   15
Dysfunktionale Stressbewältigung   40

E

Einengung des Verhaltensmusters   32
Emotion   54
Emotionale Kompetenz   40, 55
emotionale Kompetenz   55
Emotionales Erleben   60, 65
Emotionen   13
Entfliehen   39
Entscheidungshilfe   76
Entspannung   39
Entwicklungspsychologie   17
– Aspekt   12
– Forschung   16
Entzugserscheinungen   28, 32, 39

Epileptischer Anfall   67
Episode, depressive   48
Erleben, emotionales   60, 65
Ernährungsweise, ungesunde   67
Erregungsniveau, optimales   60
Essverhalten   69
e-Thrombose   67
Exzessive Computernutzung
– Begleiterscheinung   38
– Entspannung   39
– Erregung   39
– Flucht   39
– Macht   39
exzessive Computernutzung
– Erregung   39
– Flucht   39

F
Feindseligkeit   47
Fernsehsucht   30
Forderung durchsetzen   83
Forschung
– entwicklungspsychologisch   16
Freizeitaktivität, alternative   100
Funktion   34
Funktion des Computerspiels   12
Funktion, zweckentfremdete   44

G
Gedächtnis, implizites   46
Gedankliche Beschäftigung
– starke   28
Gefühle
– Biochemie der G.   42
– Verdrängung   34
– Vergessen   34
Gefühlszustände
– Regulation von negativen   32
Geringer Selbstwert   47
Geringere Lebenszufriedenheit   47
Geschlechtsunterschied   37
Gesellschaftliche Normen   36
Gewalt   18
Grundbedürfnisse
– psychologische   19

H
Häufigkeit von Computerspielsucht   33
Herzfrequenz   68
Hilfsangebote, professionelle   103
Homöostase   40
Homöostasemodell   42

I
Identitätsstörung, dissoziative   48
Implizites Gedächtnis   46
Impulskontrolle   47
Inadäquate Stressbewältigung   40
Interaktivität, anonyme   51
Internet
– soziale Technologie   53

J
Jugendschutzmaßnahmen   36

K
Klassische Suchtmittelerwartung   44
Kommunikation   13, 84
Kommunikationsbeispiele   85
Kommunikationsstil   86
Kommunikationsverhalten   65
Kompetenz
– emotionale   40, 55
– soziale   40, 55
Konditionierung
– Aufmerksamkeitszuwendung   46
– operante   45
Konfliktlösestrategie, bevorzugte   65
Konsequenz, schädliche   32
Kontaktadressen   13
Kontakte
– Verlust   39
Kontrollverlust   29, 32, 33
Kopiervorlagen   13
körperliche Überanstrengungen   67
körperliche Verwahrlosung   47
Körpersprache   83
Kosten-Nutzen-Analyse   87
Kriterien der Verhaltenssucht   27
Kriterienkatalog zur Verhaltensbeobachtung   71

L
Längsschnittuntersuchung   52
Lebenszufriedenheit, geringe   47
Lernprozess   39

M
Macht   39
Massively Multiplayer Online Role-Playing Games (MMORPG)   59
Mechanismen der Sucht   34
Merkmale der Computerspielsucht   12
Modelllernen   43

Müdigkeit   68

N

Nachlassende Schulleistung   33
Negativer Gefühlszustand
– Regulation   32
Neurobiologische Veränderungen   39
Neurotransmitter   45
Norm, gesellschaftliche   36

O

Online-Bekanntschaften   46
Online-Rollenspiel   35, 51
Online-Spiele   16
Operant konditionierte Suchtmittelerwartung   44
Operante Konditionierung   45
Optimales Erregungsniveau   60

P

Persönlichkeitsstörung   47, 51
Persönlichkeitstyp A und B   58
Private Verpflichtung
– Vernachlässung   28
Professionelle Hilfsangebote   103
Psychologisches Grundbededürfnis   19
Psychotische Störung   46

Q

Querschnittsuntersuchung   52

R

Rapid-Eye-Movement   68
Regulation
– von negativen Gefühlszuständen   32
Rollenspiel   35
– online   51
Rückfall   32

S

Schädliche Konsequenzen   32
Schlafphase
– Rapid-Eye-Movement   68
Schulische Verpflichtungen
– Vernachlässigung   28, 33
Schulleistung, nachlassende   33
Seeking-Verhalten   61
Selbstwert, geringer   47
Sensation Seeking-Verhalten   61
Serotonin   45

Somatisierung   47
Somatoforme Störungen   51
Soziale Kompetenz   40, 55
Soziale Kontakte
– Verlust   39
Soziale Technologie   53
Sozialkontakt
– Unsicherheit   47
Spielzeit, durchschnittliche   15
Stimmungen   54
Störungen
– psychotische   46
– somatoforme   51
Stress   54
Stressbewältigung   34
– inadäquate (dysfunktionale)   40
– Stil   65
– vermeidende   64
Stresserleben   13, 54
Stressor   57
– Einsamkeit   40
Stressreaktion   56
Stressschwelle   57
Stressverarbeitungsstrategie   42
Substanzabhängigkeit   25
Substanzmissbrauch   24
Sucht
– Mechanismen   34
Suchtmittelerwartung
– klassische, operant konditionierte   44
Suizidgedanken   48

T

Teufelskreis   64
Thrombose
– e-Trombose   67
Todesfälle   35
Toleranzentwicklung   27, 32, 39

U

Überanstrengung, körperliche   67
Übergewicht   68
Unangenehme Gefühle
– verdrängen   34
– vergessen   34
ungesunde Ernährungsweise   67
Unsicherheit im Sozialkontakt   47
Ursache-Wirkungs-Verhältnis   52

V

Veränderung, neurobiologische   39
Verdrängung von Gefühlen   34

Vergessen von unangenehmen Gefühlen   34
Verhalten
– zweckentfremdet   34
Verhaltensbeobachtung
– Kriterienkatalog   71
Verhaltenseinengung   33
Verhaltensmuster
– Einengung   32
Verhaltenssucht
– Kriterien   27
Verhaltensveränderung   13
Verlangen   27, 39
Verlust
– beruflicher und sozialer Kontakte   39
Vermeidung   40
– Stressbewältigung   64
Vermeidungsverhalten   43
Vernachlässigung

– von schulischen Verpflichtungen   33
Verpflichtungen
– Vernachlässigung   28, 33
Verstärkerpläne   88
Verwahrlosung
– körperliche   47

W
Wirkung, belohnende   34

Z
Zeitkuchen   100
Zielstellung   82
Zuhören, aktives   86
Zwanghaftigkeit   47
Zweckentfremdet   34, 40
Zweckentfremdete Funktion   44